60歳からは、「これ」しかやらない

老後不安がたちまち消える「我慢しない生き方」

和田秀樹
Hideki Wada

PHP

はじめに

この本を手に取られた方の多くは、会社員として数十年を過ごしてきて、定年が見えてきた、あるいは、定年を迎えられた方ではないでしょうか。

会社員にとって、60代は人生の大きな転換期です。60歳、あるいは65歳になると、ほとんどの方が定年を迎えます。約40年にもわたる長い仕事人生が、いったん幕を閉じる時期です。

今は定年後も元気に働き続ける方が多くなっているものの、60代は「老後」の始まりというネガティブなイメージ、あるいは不安を持っている方も少なくないでしょう。

しかし私は、この本を通して、**「60歳からの人生は、これまでにない、幸福な時期になる」**ということを伝えたいと思っています。

60歳からは、好き放題に生きていい。この本のメッセージをひとことに集約すると、そうなります。

たしかに、60代という時期は、人によっては危機になります。

特に男性には、人間関係が仕事を通じたものしかなく、それが定年によって失われた結果、喪失感《そうしつかん》を持つ人もいます。

また、体の不調で「もう若くないのだな」と感じるようになり、「これからどんどん弱っていくかもしれない」「いずれは寝たきりになるかもしれない」「頭も働かなくなり、認知症になるかもしれない」と不安を感じる人もいます。

お金に関して不安を募《つの》らせる人もいます。昨今《さっこん》、世の中ではしきりに「老後はお金が足りなくなる」という話が飛び交《か》っています。

「孤独」「健康」「金（お金）」は、「老後不安の3K」と呼ばれることもあります。

これらの心配事をすべて捨てていただくために、私はこの本を書きました。

その方法こそ、好き放題にして、我慢をしないことです。

これができるかどうかで、向こう30年の人生が大きく変わります。

これまで、高齢者専門の精神科医として6000人を超える高齢者の方々を診《み》てきて、つくづく感じるのは、老いには非常に大きな個人差があるということです。70歳前なのにヨボヨボと老《ふ》け込んでしまう人もいれば、100歳近くでもキビキビ、生き生きしている人もいます。

その分かれ目はどこにあるかというと、結局のところ、心です。

悲観的だったり、固定観念にとらわれていたり、したいこともせず我慢していたりする人は、老化のスピードが明らかに速いと感じます。

みなさんは、どうでしょうか？

60歳からは人間関係が途絶《とだ》えて、孤独になって、つまらなくなる……という勝手なイメージを抱《いだ》いていませんか？

60歳からは病気がちになって、食事制限をしたり、薬を飲んだりするのが当たり前だと思っていませんか？

60歳からは収入が減るから、お金を使いすぎないように気をつけなくてはならないと思っていませんか？

そう思っているとしたら、我慢しない生き方なんて、どうして可能なのか、疑問に思うでしょう。

ここから、その疑問を解いていきましょう。

そして、60歳からの人生が自由と幸福に満ちていることを知っていただきたいと思います。

60代という一大転換期に、みなさんの意識も１８０度転換してください。

そして、これから始まる新しい日々の扉を、ワクワクしながら開いてください。

目次

60歳からは、「これ」しかやらない

老後不安がたちまち消える「我慢しない生き方」

第1章 人間関係は「好きな人としか付き合わない」

第2章 健康づくりは「納得できることしかしない」

第3章
お金は「自分が何に使いたいかしか考えない」

第1章

人間関係は「好きな人としか付き合わない」

01

定年退職は人間関係のストレスを解消するチャンス

気がつくと、付き合いがあるのは仕事関係の人ばかり。ビジネスパーソンには、そんな人が多いだろう。その人間関係が一気になくなるのは、悪いことばかりではない。

⊙気の合わない人とは、もう付き合わなくていい

今、現役で仕事に就《つ》いている方は、人間関係に少なからずストレスを覚えているはずです。

働く人にストレスの要因についてのアンケートを取ると、たいてい人間関係の悩みが第1位に来ます。上司、部下、取引先など、仕事で関わる人々のなかに、誰かしら必ず合わない人がいて、我慢を強《し》いられている方がほとんどでしょう。

定年退職後の人付き合いについて、

「仕事抜きの人間関係をどう築いていいかわからない」

「孤独になるかもしれない」

と不安を覚えている方も多いようですが、もっとシンプルに考えていいと思います。

仕事では気の合わない人とも付き合わざるを得なかったけれども、定年後は付き合わなくていい。**気の合う人とだけ付き合えばいい。**

これを、定年後の人付き合いの基本姿勢にすればいいのです。

◉パワハラ・セクハラがなくなっても、職場はストレスだらけ

今の60歳が新入社員だった昭和期や、会社員人生の大半を過ごした平成期には、「高圧的な上司に悩まされる」「無理難題を押し付けられる」などのストレスが多かったことと思います。しかし、ここ10年で、こうしたストレスはかなり少なくなったはずです。パワハラやセクハラの訴えを起こせば「勝てる」ようになってきたからです。

しかし、パワハラやセクハラがなくなっても、ほかの形で職場の人間関係のストレスは残っています。たとえば、相手と自分だけに通じる嫌味《いやみ》。いわゆるマウンティングの

類《たぐい》。ちょっとした表情やしぐさに含まれる悪意など。

さらに言えば、特に悪いことをされていなくても、「なぜか気が合わない」「あの人のモノの言い方が、どうも苦手」といったこともストレスになります。こうなると相性の問題なのでいかんともしがたく、それだけに厄介《やっかい》さも増します。

また、上司の立場にいる方であれば、パワハラやセクハラを「規制される側」ならではのストレスもあるでしょう。他意なく言ったことがセクハラのそしりを受けないか不安だったり、部下に問題があっても注意できなかったり、といった悩みもあるはずです。

◉我慢するのは、もう終わり。定年後は自由を得られる

そういうわけで、昔の職場も今の職場も、ストレスには事欠きません。

それらを、生活の糧《かて》を稼ぐために我慢してきたのが、これまでの会社員生活でした。言い換えれば、**さまざまな我慢の対価として、みなさんは月々の収入を長きにわたって得てきた**のです。

定年後は、そのストレスから解放されます。

60代になれば、もう住宅ローンや教育費など、大きな出費から解放されている方も多いでしょう。ならば、収入のために、嫌な人と無理をして付き合う必要はありません。

この新しい人間関係は、退職後にこそ手に入る自由です。**定年後は大いに、「好きな人としか付き合わない」日々を満喫できる**のです。

Point

ストレスフルな人付き合いは終わり。
定年後は、気の合う人としか付き合わない自由を謳歌《おうか》しよう。

02

孤独になるのは全然悪いことではない

定年後に新しい人間関係を築くことができず、孤独で寂しい老後を送ることになるのではないか……。そんな不安を持つ人もいるが、そもそも孤独は悪いことなのだろうか?

◉一人が気楽なら一人でいい

「気の合う人としか付き合わなくていい」と言われても、気の合う人が周りにいない。新たに知り合うにしても、自分は人付き合いが上手ではないから、どうすればいいのかわからない。気の合わない人とでも付き合わないと、孤独で寂しい人生になってしまう……。

そう思う方もいるかもしれません。

しかし、物は考えようです。

人付き合いが上手ではないと言いますが、実は、友達がいなくても、さほど寂しさを感じないタイプなのではないでしょうか。

「一人きりが気楽で好き」というタイプの人は、世の中に少なからず存在します。そのことを示唆《しさ》する、興味深い事実があります。

みなさんもご存じの通り、２０２０年のコロナ禍《か》発生からの約３年間、市民は外出を控えるよう言われ、人と人との接触が激減しました。

私たち精神科医の間では、これはきわめて深刻な事態だととらえられていました。

外に出なければ、太陽の光を浴びる時間が減り、セロトニンというホルモンの分泌《ぶんぴつ》が低下して、うつになりやすくなります。加えて、経済的困難に直面する人が増えるのも必至《ひっし》でした。さらには、そうした苦境を分かち合う人との接触も禁じられるとなると、２０２０年は自殺者が激増するに違いないと、多くの精神科医が危惧《きぐ》しました。

日本の自殺者数は、２０１２年に３万人を切って以降年々低下し、２０１９年には２万１６９人と、３分の２にまで減少していました。しかしこの状況では、再び３万人を超すかもしれない。これが私の予想でした。

ところが蓋《ふた》を開けてみると、2020年に自ら命を絶った方は2万919人。前年からの増加は750人でした。

毎年3万人超の自殺者が出ていた2000年代に比べ、経済状況も生活環境もはるかに苛酷《かこく》だったこの年に、なぜこの数字に抑えられたのか。その理由は一つではないでしょうが、人間関係のストレスの緩和《かんわ》が要因として挙げられると私は考えています。

ステイホーム期間中、ビジネスパーソンはもっぱらリモートワーク、学生はオンライン授業を受ける生活でした。**人とコミュニケーションを取る必要がなかったことは、意外に楽だったのではないでしょうか。**

無理をして明るく振る舞わなくていい。気を遣《つか》わなくていい。話さなくていい。我慢しなくていい。その解放感がメンタルヘルスに好影響を与えた可能性は大いにあります。

⦿家族と暮らす高齢者が幸せとは限らない

孤独は、決して寂しいだけのものではありません。

それは「老いの孤独」にも当てはまります。

福島県のある調査によると、2002年の自殺者の4割は高齢者が占めましたが、独居の高齢者はわずか全体の5％以下。大半は家族との同居でした。

家族の存在がストレスになることは十分にあり得ます。肉親だからこそ「自分のせいで迷惑がかかっていないか」といった罪悪感が強まることもあるでしょう。


このように考えると、**孤独イコール「悪いこと」「避けるべきこと」とする価値観は、いささか画一的《かくいってき》な決め付け**と言えます。人の孤独を一律に「かわいそう」と思うのも、自分が孤独になることを恐れすぎるのも、決め付けです。

その決め付けを取り外したうえで、今一度、自問してみましょう。

一人になるのが不安なのは、「人が好きで、接したい」からでしょうか？

それとも、「寂しいに違いない」と思っているからでしょうか？

後者の場合、決して不安がる必要はないということがわかるはずです。

Point

孤独は「寂しくてかわいそうなもの」とは限らない。気楽さや解放感が、メンタルを健《すこ》やかに保つ面もある。

03

働き続ける場合も、定年後は人間関係のストレスが減る

とはいえ、定年後も働き続ける人が増えている。その場合は、人間関係のストレスに悩まされ続けるしかないのだろうか？

◉過去の肩書にしがみつくのはやめる

近年は、定年後も働き続ける人が増えています。

これは、医者の目から見ても非常にいいことです。**体や頭の衰えを防ぐ何よりの方法は、体や頭を使い続けること**にほかならないからです。

働けば心身ともに衰えを防げますし、誰かの役に立つことで幸福感も高まります。それを示すデータも、世界中に数え切れないほどあります。

ただし、こと近年の日本においては、あまり幸福でない理由で働き続ける人も少なく

ありません。働きたいわけではないけれど、「住宅ローンが残っているから」「子どもがまだ学齢だから」「貯蓄が足りないから」など、まだまだお金が必要だから働かざるを得ない、というパターンです。

定年後も収入のために働く場合、手堅《てがた》い方法は、もといた会社に再雇用してもらうことです。

言うまでもなく、定年後の再就職では、収入が定年前から激減します。それでも、多くの場合、まだ一番好待遇と言えるのが、かつての勤務先に再雇用してもらうことでしょう。

再雇用制度は、生活に不安のある60代にとって、好都合な制度だと言えます。

ただ、好都合ではありますが、幸福とは限りません。なぜなら、もといた会社で働き続けるということは、定年前の人間関係のストレスも続くからです。

続くどころか、前にも増して強いストレスを感じる人もいます。役職がなくなったことや、昔の部下の下で働かなくてはならないことに、つらさを覚えてしまうのです。

しかし、ここで「前は部長だったんだぞ」と誇示《こじ》したり、上司（＝昔の部下）に偉そうな口を利いたりすると、さらなる深みにはまります。「かつての地位にしがみつくイタい人」の烙印《らくいん》を押され、職場のお荷物と見られ、遠ざけられ、索漠《さくばく》とした人間関係のなかで過ごさなくてはならなくなります。

ですから、**昔の肩書にしがみつくのはやめましょう。**

「俺がお前くらいのころは億の金を動かしていた」などの**昔話や武勇伝も封印しましょう。**若い人に辟易《へきえき》されるだけです。

◉「重責からの解放」は大きなプラス

「それは寂しい」と思うでしょうか？　だとしたら、役職を失うことのマイナス面だけに目が向きすぎています。プラス面も、実はたくさんあります。

たとえば、かつて役職に就いていたころの重責は、今はもうありません。頭を絞《しぼ》って大事な方針を決めなくていいし、自分の判断一つで多くの損失が出ることもありません。部下の仕事の状況をチェックする必要も、若い人を育てる義務もありません。時間外労働もしなくていいし、ギスギスした出世競争とも無縁でいられます。

そう、**再雇用後は「出世しなくては」「上を目指さなくては」と思わなくていい**のです。これは大きな解放感につながるのではないでしょうか。

今は「お金をもらうこと」だけが目的ですから、妙に肩肘《かたひじ》を張らず、与えられた仕事を求められる分だけすればいい。それだけで、そこその収入を得られるのですから、そう悪くない環境だ。そう考えれば、かつての部下が上司になった程度のストレスは相殺《そうさい》できるのではないでしょうか。

それでも嫌だと思うなら、ある程度お金が貯まった段階で、その職場を去ったほうがいいでしょう。昔を意識しなくて済む、まったく別の分野の仕事を始めて、新しい人間関係をつくるのがおすすめです。

Point

過去の役職にこだわっていると、「イタい人」と見られて敬遠される。「重責から解放された!」と思えば、気楽に働ける。

04

収入や職種にこだわらなければ、ストレスはもっと減る

お金の心配がないなら、やりがいや張り合いを動機とした「幸せな再就職」ができる。ただしここでも、過去にこだわると幸福を逃がす危険あり。

◉今の60代は、再就職先に苦労しない

60代からの再就職を考えるうえでの基本は、「お金を取るか、ストレスフリーを取るか」です。

まだまとまった額の収入が安定的に必要ならば、前項で述べたように、もといた会社で仕事を続けつつ、少々のストレスは我慢する、というのが妥当な線です。

しかし、住宅ローンも返済し終わって、子どもも成人し、お金が多くかかる時期が一段落しているならば話は別です。収入はさほど多くなくていいから、煩《わずら》わしい人間関係に悩まされなくていい仕事を選ぶことができます。

お金のためではなく、やりがい、楽しさ、人の役に立つ喜びなどを目的として働くとき、幸福度は大きく上がります。社会と関わり続けることで生活に張り合いが出ますし、体や頭の衰えも防げます。

なおいいことに、今の60代は仕事を選べる立場にあります。

ひと昔前は、定年後に再就職先を見つけることはなかなか困難でした。しかし今は空前の人手不足時代です。人口減少と、団塊《だんかい》世代が定年によって大量に退職したことで、現役世代だけでは仕事が回らない状態なのです。

ですから、**収入さえ気にしなければ、働き先はいくらでも見つけられます。**

◉「非ホワイトカラー」ならではの喜びがある

「収入さえ気にしなければ」と言いましたが、長年ホワイトカラーとして働いてきた方の場合、もう一つ気になるポイントがあるかもしれません。

それは「職種」です。

再就職先の選択肢は多くありますが、そのほとんどはホワイトカラーではありません。

たとえば、マンションや駐車場の管理人、コンビニやファーストフード店の店員、スーパーのバックヤードの従業員、清掃業などです。

ここでも、昔のことにとらわれないことが大事です。

これらの仕事は、基本的にストレスフリーです。「たまに横柄《おうへい》なお客が来る」といった単発のストレスはあるでしょうが、定年前のような複雑な人間関係は、まず発生しません。

加えて、これらの仕事はお客と直《じか》に接することが多いため、**「役に立つ瞬間」をダイレクトに味わえる**のがいいところです。コンビニでも、レジで店員に「ありがとう」とひと声かけるお客は少なからずいるものです。そうした瞬間のシンプルな喜びも、張り合いにつながるでしょう。

⦿介護の現場は男手を求めている

「人の役に立つ仕事」の筆頭格が介護職です。

介護業界は、今、他業界にも増して人手不足に悩んでいます。原因の一つは報酬の少なさでしょう。月収およそ20万円台、年収300万〜400万円程度と、していることの意義に比べれば、たしかに低賃金です。しかし、**お金を目的とせず働くならば、十分以上の額**ではないでしょうか。特に男性にはおすすめです。**男手の少ない職場だけに大いに喜ばれ、頼りにされる**こと間違いなしです。

介護職には資格が必要なものもありますが、難易度がさほど高くないものもあります。また、いくつかの条件をクリアすれば、ケアマネージャー資格の試験も受けられます。ケアマネージャーはデスクワークが多いので、体力が衰えてきても働き続けられます。

体力に自信がある方なら、ウーバーイーツで街中を走るもよし、工事現場で汗を流すもよし。ホワイトカラーからもっとも遠い分野ですが、それだけに会社員時代とはひと味もふた味も違うタイプの人と出会えます。視野を広げる経験として、非常に有意義です。

Point

収入や職種にこだわらなければ、働ける場所は無数にある。視野の広がる仕事をすれば、定年後の人生が輝く。

05

友達は「つくる」ものではなく、「できる」もの

「気の合う人とだけ付き合えばいい」「孤独は悪いことではない」とはいえ、「やっぱり新しい友達をつくりたい」という人もいるだろう。それには、どうすればいいのか？

⦿気の合う人を見つけるより、好きなことをやることから

「孤独は悪いことではない」とお伝えしましたが、やっぱり定年後に仕事以外の人間関係を持ちたいという方もいるでしょう。一人だと寂しく感じるタイプなら、新しい友達をつくるのもいいと思います。

ただし、その場合も、**友達をつくることを目的にするのはおすすめしません。**せっかく知り合ったのだからと、気の合わない人とも無理をして付き合うことになってしまうからです。

おすすめは、気の合う人を見つけるのではなく、好きなことをやることから始めることです。

たとえば、鉄道が好きなら、全駅踏破《とうは》に挑戦してみる。定年後は時間ができますから、定年前にはできなかった趣味を存分《ぞんぶん》に楽しむことができます。

すると、ローカル路線や秘境駅で同好の士と出会うかもしれません。そして、言葉を交わすうちに、友達になるかもしれません。

趣味を楽しんでいるうちに顔見知りになった人と友達になれば、趣味が一致しているだけに、いい関係が築ける可能性が高いでしょう。

好きなことをしていたら、結果としてよき友人を得られる。とても幸せな展開ですね。

もちろん、必ず出会いがあるとは限りません。しかし、好きなことをやることが目的ですから、それでもいい。出会いを目的にして、結局、ストレスフルな人間関係ができてしまうより、ずっといいでしょう。

友人は「いないと寂しいからつくる」ものではなく、「この人といると楽しいから、

一緒にいる」ものです。それを忘れずに、自然の流れに任せるのがベストです。

⦿忙しさのなかでできなかったことを思い出してみる

好きなことが特に思い当たらない人も、心配はいりません。

忙しく働いていた時代のことを思い出してください。

60歳前後の方には、休む暇もなく、長時間働かされた経験を持っている方が多いでしょう。そのころ、**「もっと時間があれば、○○ができるのに」と思ったこと**はありませんでしたか？

「次に休みが取れたら○○をしたい」と思ったのに、いざ休みの日になると、疲れてゴロゴロするだけで、結局やらなかった、ということはないでしょうか。

ふと目にした本のタイトルに興味を引かれ、「これについて知りたい」と思ったものの、「読んでいる暇はないな」とあきらめたこともあったのではないでしょうか。

さらに過去にさかのぼって、学生時代に楽しんでいた趣味を掘り起こすのもいいでしょう。もちろん、興味があったのに結局やらなかった、ということでも構いません。

そうした心残りを、今こそ解消しましょう。たっぷりある時間を使って、やりたかったのにできなかったことを、軒並み実践しましょう。
スポーツ、楽器、絵画、ワイン、骨董《こっとう》、映画、何でもOKです。**やってみて、今一つ気が乗らなければ、どんどん次を試しましょう。**

見栄《みえ》を張って「カッコいい趣味」を持とうとするのは禁物《きんもつ》です。
秋葉原にフィギュアを買いに行くもよし。推《お》し活に精を出すもよし。
誰に気兼《きが》ねをする必要もありません。

Point

まずは「好きなこと」を楽しんでみよう。
すると、その先でいい人間関係ができるかもしれない。

06

友達づくりは「ショッピング」感覚ですればいい

友達が欲しいからといって、出会った人との関係を必ずしも続けることはない。「気の合う人とだけ付き合えばいい」のだから。

⦿同窓会やOB・OG会も無理に出席しなくていい

人間関係は、持たなくてはいけないものではありません。

この大原則を押さえていないと、定年後の自由を享受《きょうじゅ》し損《そこ》ねる恐れがあります。

定年後に、昔の同僚と定期的に会うというルールをつくり、さして楽しくもない飲み会を続ける人もいますが、楽しくなければ参加しないほうがいいでしょう。あるいは、気が向いたときだけ参加すればいいのです。

定年前後になると、出身校の同窓会の誘いが増えるケースも多くあります。それについても同様で、楽しければ参加すればいいですが、気が合わなかったり、代わり映《ば》えのしない人間関係に飽きたりしたら、参加しなければいいのです。

そうは言いましたが、「人付き合いなど一切不要」などと言うつもりはありません。「気が合わない人とは付き合わなくていい」と言っているだけです。

かつての同僚や同級生が気の合う人たちであれば、もちろん大いに会うべきです。

そして、元同僚や元同級生とは別に会わなくてもいいけれど、新たな友達が欲しいと思うなら、前項でお話ししたように、まずは好きなことを一人で楽しむことから始めればいいのです。

⦿「自分に合う場所」を探しに出かけよう

前項では、趣味や、忙しい時期にはできずに心残りになっていることをやろうとお伝えしましたが、それでも思い付かない方もいると思います。それなら、**色々なところに顔を出してみればいい**でしょう。

たとえば、居心地のよさそうなレストランや飲み屋、喫茶店、バーなど、気に入った店があれば、通ってみる。週に3回も足を運べば、必ず店の人に顔を覚えられます。そのうち、お酒や料理の注文以外で会話を交わすことが出てくるかもしれません。ほかのお客と顔見知りになって、徐々に打ち解けていく可能性もあります。

とはいえ、あくまで可能性であり、必ずそうなるとは限りません。距離の縮まる気配がなかったり、縮まったとしても、やはり今一つ気が合わなかった、ということも十分にあり得ます。

その場合も、ガッカリする必要はありません。**別の店を探せばいいだけ**だからです。ショッピングと同じです。しっくりくるものが見つかるまで、「お店巡り」をすればいいのです。定年後は時間もたっぷりできるので、その点も好都合です。

このときも、「友達を見つけなくては」と思いすぎないこと。人間関係づくりを目的にするよりも、**お酒や料理を楽しみながら、「ついでに」知り合いが増えればラッキー**、というくらいの気楽さがいい塩梅《あんばい》です。

⦿妥協や気兼ねは「しがらみ」を増やすだけ

この「ショッピング」の感覚は大事です。

服にせよ、バッグにせよ、ゴルフクラブにせよ、買い物のときは気に入ったものと出会うまで、あちこち店をのぞくでしょう。無理をして気に入らない品を買うことはまずないはずです。もしあるとしたら、よほど思い入れのないものを買うときか（服にこだわりのない人なら、気に入るか否《いな》かなど、そもそも考えません）、お店に義理立てをしてしまうときです。

「店員さんに親切にされたから断りづらい」といった理由で、いらないものを買ってしまう人がしばしばいますが、本来、お客の立場でそうした気兼ねは不要です。

友達づくりにおいても、60歳からは遠慮無用。**波長の合わない相手にいちいち気を遣っていたら、友達づくりどころか、新しいしがらみが増えるだけ**です。色々試して、そのなかから一番合う人を選ぶという、当たり前の「消費者意識」を持ちましょう。

Point

60歳からの友達づくりに遠慮は不要。買い物と同じ要領で、「しっくり来るもの（人）しか選ばない」姿勢を持とう。

07

ボランティアや趣味の集まりへの参加は「ボス」に注意

新しい人間関係をつくるために、ボランティアや趣味の集まりに参加する人もいる。やりがいや楽しさを得られる——と思いきや、意外な落とし穴も。

◉ボランティア団体には独特の文化があることが多い

「収入は必要ないが、社会の役に立つ活動がしたい」という方は、ボランティア活動に参加して、新たな人間関係を持つことに心惹《こころひ》かれるかもしれません。

ボランティアには、医療・福祉・環境保全・動物愛護・教育支援・スポーツ・国際協力など、さまざまな種類があります。いずれも社会的意義が高く、無償での働き手は常に求められています。

ネット上にはボランティアに特化した求人サイトもありますし、地域のボランティアセンターで探すこともできます。自分がしたいこと、協力できる分野を見つけることは、比較的容易と言えるでしょう。そこで自分にピタリと合った活動に出会えて、やりがいや生きがいをもって働けるならすばらしいことです。

しかし、必ずしもそうはならないこともあるということも知っておいたほうがいいでしょう。

世間一般のボランティア団体のイメージは、大雑把《おおざっぱ》に言うと、「いいことをしている、いい人たち」でしょう。金銭的な目的ではなく、「人を助けたい」という純粋な志を持つ集団。その価値自体は、私も否定しません。

しかし「いいことをしよう」と考える人たちの集まりには、独特の文化が醸成《じょうせい》されることがあります。これには気をつける必要があります。

◉ストレスを感じる人間関係になっていないか

よくあるのは、**ボス的な人物が取り仕切っていて、その人物のポリシーにみんなが従っている、というケース**です。そのポリシーが、その団体の本来の活動目的とは関係のない、政治的なものであることも少なくありません。

そして、それに賛同しないメンバーが冷遇されたり、そもそもボス以外のメンバーに意見を言う権利がなかったり、という事例もしばしば聞かれます。

ボスが一人ではなく、二人以上のリーダー格によって派閥が形成されているパターンもあります。こうした集団では、どちらの派閥に属するかを明確にしないと許されない雰囲気があり、会社員時代と似たり寄ったりの気苦労をしなくてはなりません。

「片手間で参加するのは許されない」という価値観の団体もあります。そうなると、会社員時代以上に働かされ、弱音《よわね》の一つも許されない、といった事態に陥《おちい》りかねません。

つまるところ、**ボランティア団体では、世間一般のイメージよりも、人間関係のストレスが起こりやすい**のです。学生時代に集団行動が苦手だった方などは特に苦労する可能性があります。

もちろん、すべてのボランティア団体がそうだというわけではありません。一部にそうした組織もある、という話です。ですから、興味がある活動に即参加するのではなく、**見学したり人に聞いたりして、事前に雰囲気を探ったほうがいい**でしょう。

⦿趣味や習い事では上下関係ができやすい

趣味や習い事の集まりでも、同じことは起こり得ます。その趣味や習い事に関する知識や技術のレベルによって上下関係が生じ、ボスができる可能性があるからです。

とはいえ、言うまでもないことですが、ボスが取り仕切っている集まりだったとしても、その人柄やポリシーに賛同できるならば、ストレスを感じないでしょうし、何ら問題はありません。自分と思いを同じくする集まりに参加できるのは、非常に幸せなことです。

もし合わなかったとしても、辞めてまた別の場所を探せばいいのですから、肩肘を張る必要もありません。人間関係の新規開拓はショッピング感覚で、と言いましたが、この場面でも同じ気楽さで臨《のぞ》みたいところです。

Point

人の集まるところには、上下関係が発生しやすい。「目的を共有していれば仲よくなれる」とは限らないので気をつけよう。

08

町内会や管理組合への参加は入念に情報収集をしてから

定年後に町内会やマンションの管理組合など、住んでいる場所に紐付いた集まりに参加する人もいる。しかし、気をつけないと、大きなストレスが待っているかもしれない。

⦿断りづらく、抜けるのも大変

定年後の活動として、ボランティアや習い事と並んでよくある選択が、町内会やマンションの管理組合の役員になることです。しかし……。

もう、お察しのことと思います。**これらの集まりにも、しばしばボスがいます。**町内会や管理組合は役員の大多数が定年後の高齢者で占められているので、ボスと言うよりは「長老」の趣《おもむき》が強いかもしれません。

そうした人物が独自のルールを敷いていると、なかなかいづらい場となります。

そこに馴染《なじ》めなかったとき、ボランティアや習い事と違って、抜けづらいのが難しいところです。辞めたあとも、ご近所同士として顔を合わさなければならず、気まずい思いをしなくてはなりません。

役員になるよう誘われたときに、断りづらいのも特徴です。

高齢者の集まりにとって、60代はピカピカの若手です。この間まで働いていた人ならではのスキルも期待されます。「定年直後のご近所さん」は、彼らにとって狙い目なのです。

ある日、同じマンションの住人から、「この間、定年になったでしょ？」「たしか経理部でしたよね？」などと言われたら、それはもう「仲間になれ」ということです。

◉内部の人間関係について情報収集を

そうなったら、首を縦に振る前に、**内部の人間関係についてじっくり情報を集めましょう。**リーダーやサブリーダーはどんな人か。毎回もめやすい議題はあるか。新参者《しんざんもの》が参加したときに気をつけるべき言動はあるか……。

一人だけに聞いてわかったつもりになってはいけません。相手はこちらに参加してほしいわけですから、ネガティブな情報を隠す可能性もあります。**二人以上の人、たとえ**

ばかつて役員だった人などにも、話を聞くといいでしょう。

そのうえで不安要素がないとわかれば、役員になっても大丈夫です。それどころか、幸福度がぐっと上がる可能性大です。

町内会や管理組合は、馴染めさえすれば、最高の「第2の職場」となります。**60代の若手として周りのみんなに頼りにされ、自己肯定感が高まる人も多くいます。**隣近所や地域とのつながりが密になるため、孤独になる可能性も大いに減ります。

◉「弱音を吐ける場」なら人間関係はこじれない

ボランティア・習い事・町内会・管理組合はいずれも、定年後に身を置く場所の定番です。しかし、一つ間違うと人間関係に苦労することがおわかりいただけたでしょう。

もちろん、ここまで述べたマイナス面がまったくないボランティア団体や町内会などもあります。その違いはどこにあるのでしょうか。

思うに、弱音が吐《は》ける環境か否かが、大事な分かれ目になるようです。

私は、コロナ禍が始まってからの3年間、さまざまな場所で人間観察をしていました。

そのなかで印象的だったのは、みんながうつむきがちな暗い世の中の、数少ない例外が、喫煙所だったことです。そこにいる方々は表情が明るく、和《なご》やかに談笑していました。

現在、タバコを吸う人は世の中から忌《い》み嫌われ、片隅に追いやられています。その状況を「ひどいですよねえ」「そんなに体に悪いですかね?」「でもやめられないよね」などと苦笑を交えて話す場には、ボスもおらず、理不尽なルールもありません。会社の上司と部下の間柄ですら、喫煙所では距離が縮まるようです。

虐《しいた》げられたもの同士、と言うと言葉は悪いですが、**弱音が吐ける相手や弱音を吐ける場の存在は、人と仲よくなるための一条件**であるように思います。

Point

町内会や管理組合は、「入れ」と言われれば断りづらく、しかも抜けづらい。とはいえ、環境が合えば最高の居場所にもなる。

09

配偶者とは「最後まで添い遂げるべき」とは限らない

配偶者がいる場合、定年を迎えると、夫婦の時間が増える。それを幸せと感じるか、苦痛と感じるか。もし後者なら、どうすればいいのだろうか？

⦿定年後になって「この人とは合わない」と気付くことは多い

ここまで、定年後の「家の外」の人間関係についてお話ししてきました。

しかし実は、**それよりはるかに大事なのが「家の中」の人間関係**です。

とりわけ配偶者との関係は、定年を境に、非常に大きな、ときに深刻なテーマになってきます。


夫、もしくは妻と一日中顔を突き合わせる生活が始まったとき、そのストレスが意外に大きかったという事例は、枚挙《まいきょ》に暇《いとま》がありません。「なぜいつも家にいるの」と苛立《いらだ》つ妻、「なぜここまでぞんざいに扱われるんだ」と怒る夫は、その典型です。

そうしたすれ違いが高じると、しばしば二人は、シビアな発見に至ります。

「この人とは気が合わない」という現実に気付くのです。

世の中にはこのような、「実は相性がよくなかった夫婦」が意外に多くいます。

はるか昔、「この人だ」と思って結婚を決めた相手でも、若いときの判断は当てにならないものです。一時の情熱や勢いに任せてしまった二人もいるでしょう。


さらによく見られるのが、相手の人格ではなく、家柄・学歴・職業・ルックスなどの「条件」で選んでしまったパターンです。

これは日本人に起こりやすい傾向があります。特に都市部で、その傾向が見られます。

都市部には男子校・女子校が多く、成人後に、「男子校出身のエリート男性と女子校出身の家柄のよさそうなお嬢さん」というカップルが多数発生するのです。「いい大学」出身の男性と「いい女子大」出身の女性も定番の組み合わせです。

逆に、共学の中学校や高校や大学で在学中に出会い、価値観や人となりを互いによく知り合っている「気の合う二人」が夫婦になるパターンも、もちろんあります。

しかし、そんな二人でも後々いがみ合うことはありますし、条件で相手を選んだ夫婦が仲睦《なかむつ》まじく年を重ねていくこともあるでしょう。

いずれにせよ、60代で「合わない」と判明したときは、その現実とどう向き合うかが問われることになります。

⦿夫婦関係こそ、合わなければ解消していい

気が合わないと気付いていても、ここまで夫婦でいたのだから、夫婦関係を続けていくべきでしょうか?

ここでもやはり、気が合わないのに無理をする必要はないと私は思います。

60歳からの人生は、今ではあと20年以上残っています。その年月を、気が合わない相手と過ごす必要があるでしょうか?

この人とご飯を食べて楽しいか。一緒に旅行に行きたいと思うか。この人の介護をする気になるか。それらをしっかり考えて、「無理だ」と思うなら、別れたほうが得策です。

今の60代だと、妻がずっと専業主婦だったケースも多く、「生活が不安だから別れら

れない」と思う女性も多いでしょう。しかし実際のところ、調停や裁判で話し合えば、よほどのことがない限り、財産分与が得られますし、年金分割もあります。働く先も、前述の通り、人手不足の時代ですから、さほど苦労せずに見つけられるでしょう。

さらに言えば、今どきの60代は女性も男性も若々しいですから、新しいパートナーを見つけることもできます。

子どもの気持ちを気遣う必要もありません。もう十分に成長しているでしょうから、親の事情を尊重してくれるはずです。もし反対するとしたら、子どもの側に問題があります。特に、再婚の際に「どうせ金目当てだ」などと言う子どもは信用なりません。自分の相続額が減ることを恐れている、つまり、本人こそ「金目当て」なので、耳を貸さないほうがいいでしょう。

Point

夫婦関係こそ、「気の合わない相手」ならば解消すべき。今度こそ気の合う相手と再婚する、という選択も視野に入れよう。

10

夫婦もそれぞれ「自分のことだけ」する

離婚をするほど気が合わないわけではなくても、夫婦で過ごす時間が長くなると、ストレスも生まれてくるもの。どんな「同居ルール」を敷けば、それを減らせるのか？

⊙夫婦が「お父さん」「お母さん」と呼び合うのは日本だけ

「相手のことはむしろ大事に思っているが、それでもストレスは溜まる」

「離婚はしたくないけれど、ずっと一緒も重く感じる」

そういう方も多いでしょう。

そんな夫婦は、おそらく距離が近すぎるのだと考えられます。それぞれが自由に過ごせる時間・領域をもっと確保したほうがよさそうです。

それを阻《はば》む最大の要因は、日本独特の夫婦のあり方です。

日本の夫婦には、妻が夫の「お母さん役」になる傾向が顕著《けんちょ》に見られます。

お互いを呼び合うとき、名前ではなく「パパ」「ママ」や「お父さん」「お母さん」と言う夫婦は多いですね。二人の間に生まれた子どものパパであり、ママである、という意味なのはわかりますが、こと夫側に関して言うと、本当に自分の母親のように妻を見なしている人が少なくありません。

欧米には、夫婦で「パパ」「ママ」と呼び合う文化はありません。夫婦はいつまでも男性・女性として愛し合うもの、という価値観があるからです。子どもが生まれたあとも名前で呼び合いますし、寝室もともにしますし、夜にはデートを楽しみます。

これが「正しい関係」だとは言いません。ずっと男性・女性でい続けるのも、それなりの気詰まりがあるでしょう。とはいえ、妻がずっと夫の世話を焼かなくてはならない大変さは生じません。

⦿妻を「母親扱い」していないか

そう、日本の「妻業」は大変なのです。子育てがようやく一段落したと思ったら、定年を迎えた夫＝「60代の子ども」の面倒を見なくてはならないからです。

男性のみなさん、妻を「母親扱い」していないか、今一度振り返ってみてください。家事を全部妻任せにしていませんか？　「今日の昼飯、何？」と当たり前のように聞いていませんか？　出かけようとする妻に「何時に帰ってくるんだ？」と聞いていないでしょうか。思い当たるところがあれば、「家庭内自立」を図《はか》ったほうがよさそうです。

妻のみなさんも、「世話をしないと」という義務感を捨て、自分の時間を心置きなく楽しむべきです。夫の昼食などつくらなくても、放っておけば自分で何とかするでしょう。

⦿互いの自由を尊重する、新しい生活のかたち

「別れるほどではないものの、ストレスフル」と感じている夫婦に必要なのは、疑似母子関係を解消し、適正な距離を保ちつつ生活することです。

具体的には、次のようなルールを取り入れるといいでしょう。

- 食事は別々に摂《と》る
- 洗濯も各自、自分の分を洗う
- 掃除は部屋ごとに担当を分けるか、曜日で分担。自分の部屋は自分で掃除する

・家のなかでも一人になれる時間や場所をつくる。共用部でも、「この時間はリビングで、一人でテレビを観たい」など、独占できる時間を決めておく
・旅行など、外泊を伴う外出以外は事前に報告しなくていい
・相手が旅行をする場合、行き先や帰る時間などを詮索《せんさく》しない
・定期的に会食の場を持ち、必要な情報共有を行う

つまり、夫婦と言うより**「同居人」の感覚で生活すればいい**のです。
もちろん、夫婦それぞれ「しっくりくる距離感」は違うでしょうから、「洗濯はひとまとめでOK」「朝ご飯だけは二人で食べる」など、適宜《てきぎ》アレンジすればいい。いずれにせよ、**「世話する・される関係」をリセットする**ことが、同居のコツと心得ましょう。

Point

妻が「夫の母親役」をしていると、夫婦関係のストレスは増幅する。定年を機に「各々、自分のことしかやらない」という関係をつくろう。

11

「親の介護は子どもがするもの」というわけではない

「家の中」の人間関係では、親との関係も重要。
特に介護が必要になると、親子ともにストレスが溜まりやすい。
幸せな親子関係のためには、親とどう付き合えばいいのか？

⦿愛情ゆえに在宅介護を選ぶのは危険

早い人なら40代から、遅い人でも60代には、多くの方が親の介護と向き合わざるを得ない状況になると思います。

このとき、定年退職後だからといって、「**自分で全部面倒を見よう**」**と思うのは非常に危険**です。たとえ親がそれを望んだとしても、自分自身の愛情からであっても、避けたほうがいいでしょう。

在宅介護をしていると、いずれ必ず疲弊《ひへい》します。疲弊すると、愛していたはずの親を憎んでしまうかもしれません。中高年の子どもが老親を虐待する事件は、たいてい、こうした無理の果てに起こります。

虐待しないにしても、「介護うつ」になるケースもあります。

介護中だけでなく、親が亡くなったあとに、うつを発症する方もいます。愛する親と、自分が一手《いって》に引き受けてきた介護という大仕事を失ったことで、心に大きな穴が空いてしまうのです。

在宅介護をするなら、一人で抱え込むのではなく、できるだけ多くの人の手を借りましょう。

◉施設に入ってもらって、頻繁に面会する

「長男だから」「長男の嫁だから」などといった理由で、親や義理の親の介護を抱え込むのも厳禁です。兄弟やその配偶者とも協力し合う姿勢が必要ですし、なおいいのは、介護保険を申請して、ヘルパーさんに来てもらうことです。**プロのほうが、はるかに確かな技術と知識を持っている**からです。

他人の世話になることに親が難色を示しても、聞き入れないのが正解です。長い目で

見れば、そちらのほうが、はるかに親を守ることになるからです。

さらに言えば、在宅介護よりも、施設に移ってもらうのが理想です。

60代の方には「親を老人ホームに入れるなんて、ひどい」といった価値観を持つ人もいますが、**施設利用は悪いことでも何でもありません。** 老人ホームの職員は仕事として世話をしてくれるため、親子の間で起こりがちな感情のもつれが起きず、結果として、親も気楽でいられるでしょう。

自分で介護をして疲れ果て、苛立った顔を見せるより、施設で暮らす親に頻繁《ひんぱん》に会いに行き、笑顔を見せるほうが、はるかに親を幸せにできます。

また、在宅介護で毎日顔を突き合わせていると、前はできていたことができなくなった、というマイナス面ばかりが見えがちですが、施設にいる親に会いに行くと「まだ、これができているんだ」とポジティブな気付きを得やすいのもいいところです。

つまりは、親子ともにストレスフリーになれるのです。**肉体的な介護はプロに任せ、子どもはコミュニケーションを取る、**という分担がベストです。

⦿義務感よりも、快適か否かを基準に

そうは言いましたが、「親と一緒にいるのが幸せ」「在宅介護でもイライラなどしない」と言い切れる方ならば、在宅介護でも問題はありません。60歳からは快適な人間関係しか持たなくていいのです。これは親子関係にも当てはまります。

「親子関係を、快適かどうかだけで考えるなんて……」と考えた方は、おそらく義務感に駆られているのでしょう。子ども（特に長子）が老親の面倒を見る「べき」、という考え方は、いわゆる「家制度」から来る価値観です。そうした価値観は、これから確実に古びていきます。ほとんどの家庭が一人っ子となり、一方、高齢者の数が膨大《ぼうだい》となるなかで、そのような義務を果たすのは不可能です。**自分も親も、気持ちよく生きていくのが一番幸せ。**そうした自然な感覚に従うのが一番です。

Point

愛情のつもりで自ら介護をすると、結局は親につらい思いをさせる。施設にいる親に笑顔を見せに行くほうが、双方にとって幸せ。

12

子どものことは、放っておく

成人しても、息子や娘をいつまでも子ども扱いする人は多い。

しかし、これは子どもにとって幸せだろうか？

心配すればするほど、親子関係がこじれてはいないだろうか？

◉成人した子どもに世話や詮索は禁物

配偶者との距離感と同じく、子どもとも適正な距離で付き合いましょう。

60歳になれば、子どもは成人しているケースが多いでしょうから、いつまでも世話を焼く必要はありません。


子どもがすでに独立している場合は、「**連絡してこい**」と**強要しない**ことが大事です。

みなさんも20代や30代のころは、親が元気で無事でさえあれば、ろくに親のことなど思い出しもしなかったはず。みなさんの子どもも、今、そういう時期にあります。ですから、「電話が欲しい」「ＬＩＮＥを寄こせ」などとうるさく言うと、敬遠されます。帰省も、１年に１度もすれば多いくらいに思っておきましょう。

同居の場合はなおさら、距離感を意識すべきです。

昨今、実家を出ずに30代を迎える息子や娘が増えています。家賃がかからないので子どもにとっては楽ですし、親も子どもがそばにいるのは嬉しいため、ズルズルと続きがちな形態ではありますが、ここで親が世話を焼きすぎると、自立がさらに遅れます。家事をさせるなり、家賃を求めるなり、**同居人としての義務を果たさせましょう。**

就職や結婚については、意見を言いすぎないこと。親世代の常識が通じる時代ではなくなっているからです。年功序列や終身雇用は遠い過去のものとなり、大企業に入れば安泰とは限りません。「いい会社に就職する」以外の道を子どもが望んでも、頭ごなしに否定するのは禁物です。

また、子どもの結婚相手が親の理想像とは違っても、あれこれ言わないこと。今や、男性は3割近くが生涯未婚となる時代です。「相手がいるだけでも幸い」と考えるほうがいいでしょう。

⦿「問題のある子ども」こそ、放っておく

一方、就職や結婚どころではない状況の子どももいます。

私は職業柄、引きこもりや家庭内暴力の相談をよく受けます。なかには子どもがとっくに成人に達し、中年期にさしかかっているケースも珍しくありません。

そのとき、私が親御さんにするアドバイスは「放っておこう」です。食事をつくったり、洗濯をしたり、子どもの理不尽な要求にいちいち従ったりせず、自分自身の生活を楽しめばいい、と。

たいていの親御さん（特に母親）は「そんなこと、無理です」と難色を示しますが、実のところ、そうしたほうが子どもの状態は改善しやすいのです。

構われれば構われるほど、子どもの無力感とストレスが増し、事態が悪化します。逆に、**世話を焼くのをやめれば、子どもは自分のことを自分でせざるを得なくなり、結果的に自己肯定感が上がり、自立の糸口も見つけやすくなる**のです。

なお、独立して家庭を持ったあとでも、問題がある子どももいます。

たとえば、先に触れたような、親の再婚に強硬に反対する子ども。これは、心理的に自立できていないか、相続財産が減ることを嫌う「金目当て」です。

家を売って高額な有料老人ホームに入りたい、といった希望に反対する子どもも、財産が減ることに対して抵抗しているのです。

どう対処すべきかは、もうおわかりでしょう。**自分がしたいようにすればいいだけ**です。子どもの顔色をうかがって、望みを断念するようなことはやめましょう。

Point

子どもに構うよりも、自分自身の生活を優先する。そのほうが、いい親子関係を築ける。

13

自分の介護も子どもに期待しない

子どもが親を介護するのは、一見美しいようで、実は共倒れの入り口かもしれない。「自分の介護は我が子にしてもらいたい」と思う人もいるが……。

◉「自分が介護する」と子どもが言ったら

「子どもの顔色をうかがう必要はない」と前項で言いましたが、これを「難しい」と感じた方は、その理由を考えてみましょう。

「子どもに嫌われたくない」と思う人が、恐れていることは何でしょうか？

もし、その答えが「老後に介護をしてもらえなくなるから」だとしたら、先ほど親の介護についてお話ししたことを思い出してください。自分で親の介護を抱え込むと、自分も親も不幸になりかねない、という話でしたね。自分が老親の立場になったときも、同じように考えましょう。

子どもの側から「自分が面倒を見る」と言い出すパターンもあります。

この場合、おそらく、子どものなかに罪悪感があります。

罪悪感の内容は、子どもによってさまざまです。独立後、親とのコミュニケーションがめっきり減ってしまった、結婚後に配偶者の意見ばかり優先してきた、子どものころにずいぶん迷惑をかけた……など、百人百様です。

そうした意識を持つ子どもは、親に介護が必要となったとき、「これまでの埋め合わせをしよう」と考えがちなのです。


親にとっては嬉しい申し出かもしれませんが、ここは冷静に考えましょう。

前述の通り、介護は重労働です。**子どもが我が身を削《けず》って、年々やつれていくのを見ながら、それでも「嬉しい」と言えるでしょうか？　疲れ果てた子どもが自分に暴言を吐いたり、虐待したりする未来を迎えてもいいでしょうか？**

この不幸なシナリオを念頭に置きつつ、子どもにも冷静になるよう促《うなが》しましょう。

増して、子どもが介護離職を言い出したら、断固反対すべきです。**30代や40代の働き盛りで離職すると、収入がなくなるだけでなく、スキルや知識が停滞し、介護が終わったあとの社会復帰が至難《しなん》となります。**子どもがこれまで築いてきたキャリアをストップさせることだけは、絶対にやめさせましょう。

◉「介護離職」には断固反対しよう

そもそも、日本で暮らしている限り、介護で子どもをあてにする必要はありません。**公的介護サービスが充実している**からです。

介護保険を申請すると、ケアマネージャーが訪ねてきて、現在の状況を確かめ、それに応じた介護プランを立ててくれます。自宅のバリアフリー改修も廉価《れんか》でできますし、ヘルパーや看護師の世話も受けられます。体がある程度動く間は、子どもの手を借りるまでもなく、在宅介護で不自由なく生活していけます。

体がおぼつかなくなってきたら、施設も視野に入れましょう。高齢者施設、特に有料老人ホームは高いというイメージがありますが、最近は安いところも増えています。

さらに言えば、今現在60代の人が介護を必要とする10年後、20年後には、かなりの確率で、優れた介護ロボットが開発されていると思われます。３Ｄプリンターで造形された、人に近い姿を持ったロボットになっているかもしれません。入浴や食事の介助はもちろん、掃除や洗濯、買い物もお手の物。ＡＩ搭載《とうさい》で、話し相手にもなってくれるでしょう。

子どもにしがみつくよりも、技術の進歩に期待していいのではないでしょうか。未来の介護は、きっと、今よりもストレスフリーになっているに違いありません。

Point

子どもが「介護をする」と言い出したときこそ、最悪のシナリオを想定しよう。

14

終活なんか、しなくていい！

「終活」「老前整理」などのキーワードが流行している。高齢者は自分の持ち物を減らしてコンパクトに暮らすべし、という風潮に従うべきだろうか？

⦿「子どものために」片付ける必要はない

片付けが、「終活」の一環として盛んに奨励されています。「死後、子どもが困らないよう、今のうちに身の回りの整理を」とすすめる雑誌記事や書籍も多数出ています。子どもがそうした情報を聞きこんで、「断捨離したら？」と言ってくることもあるでしょう。

しかし、子どものために自分の持ち物を整理するのは、考えてみればおかしな話です。**片付けるか否かは、本人の価値観に基づいて決めるべきこと**です。

世の中の流行や子どもの要望に従うのではなく、自分がどんな部屋で過ごしたいか、今の部屋は暮らしやすいかを考えましょう。

「ものが多すぎると転倒するかも」「散らかっていて落ち着かない」「何がどこにあるかわからない」など、自分でも問題だと思うときだけ、整理すればいいのです。

⦿早すぎる終活は後悔のもと

定年を境に終活を意識し始める方は多いですが、慎重に考えたほうがいいでしょう。人は誰しも、自分がいつ死ぬかを知りません。しかも人生100年時代、死ぬ時期はたいてい予想よりもあとになります。

終活のつもりで性急《せいきゅう》にものを手放すと、あとから「やはり必要だった」と悔《く》やみ、喪失感に駆られる可能性があります。手に入りやすいものならばまだいいのですが、貴重なものだったり、秘密のコレクションだったりした場合、手に入れ直すのは心身ともに多大な負担となります。

死んだあと、見られたら恥ずかしいと思うものが、誰にでも多かれ少なかれあるでしょう。パソコンやスマホに保存してある画像や映像にも、そうした類のものがあるかもしれません。

これらも、あわてて手放すのは禁物です。そういうものは例外なく思い入れの強いものなので、70歳、80歳、ときには90歳を過ぎても、まだ見たいかもしれません。

⦿エンディングノートを書くより、生きている時間が大事

終活では、ほかにも、「エンディングノート」や遺言書に、自分の死後にどうしてほしいかを書いておこう、と推奨されます。

しかし、60代ではまだ、死後と言われても現実感が湧《わ》かないでしょう。

同じ準備をするなら、この世に存在しなくなってからのことより、**生きている間のことを考えたほうがよほど有意義**です。

たとえば、「任意後見」という制度。これは「成年後見制度」とは別のものです。成年後見制度は、本人が判断能力を失った際、家庭裁判所が選んだ後見人が、本人に代わって契約などの大事な判断をするというもの。対して任意後見制度は、本人が判断能力

のある間に、「この人なら」という人を選べて、かつ、自分がしたい生活の形を伝えておくことができます。

「認知症になったら、自分がしたい生活なんて忘れるだろう」と思うのは間違いです。好き嫌いの感情や価値観は、しっかり残ります。**重度の認知症の方でも、「今日はカレーが食べたい」といった希望をはっきり示すことがあります。**そうした気持ちをスムーズに伝えられなくなる未来を見越して、早めに手を打っておくことなら、私も大いに推奨します。

つまるところ、**「生きている間の時間を楽しむため」以外の終活はしなくていい、**というのが私の考えです。

Point

子どもの要望や世の中のブームに乗って身の回りを整理する必要はない。

第2章

健康づくりは「納得できることしかしない」

01

医者の言うことを鵜呑みにしない

いつまでも健康で元気に過ごしたい。
そう思うからこそ、医者に従って、食事制限をしたり、薬を飲んだり。
ところが、そのことが生活の質を下げているかも……。

◉「減らす」「下げる」は活力を奪う

私はかれこれ40年近く、高齢者専門の精神科医として働いてきました。診察した患者さんの数は、実に6000人以上。病院以外でもさまざまな形で高齢の方と接する機会を持ってきましたから、おそらくは1万人以上の事例を目にしていると思います。ですから、老年医学に関してはプロ中のプロと言っていいのではないかと自負《じふ》しています。

そんな私は、高齢者に対する日本の医療のあり方に、大きな疑問を抱いています。

みなさんは、これからも健康でいるために、何をすべきだと思っていますか？

「きちんと定期的に健康診断を受ける」
「悪い病気を早期発見して、早期に対応する」
「異常な検査数値が出たら、生活を改善する」

こうした答えが出てきたなら、それは国や大多数の医者の考え方に染まっている証拠です。これらの答えは、つまるところ、「医者の言うことを聞く」というひとことに集約できます。

その方法で本当に健康でいられると思いますか？

大多数の医者は、ことあるごとに、「血圧が高いから、この薬を飲んで下げなさい」「血糖値が高いから、糖質を控えなさい」などと言います。しかし、この章でおいおいお話ししていくように、こうした**「減らす」「下げる」方向性は、高齢者の活力を奪い、元気をなくさせます。**すなわち、「健康寿命を縮める」方法と言ってもいいのです。

みなさんも実感が出てきていると思いますが、60歳にもなると、体の機能が徐々に衰えていきます。その流れをさらに加速させるような医療を、ほとんどの方が、何の疑問も抱かずに受けています。

このおかしさに、まずは気付いていただきたいと思います。

⊙60歳からの健康は、「足し算」の発想で

老化が本格的に始まる60代においては、「減らす」「下げる」とは逆の発想が必要です。

老化するということは、もとある機能が落ちるということです。大事なのは、そのマイナスを補うこと。食事を「足す」、運動を「足す」、といった方法で、積極的に補っていくことです。つまり、**「引き算」ではなく、「足し算」の発想**です。

50代までは、責任のある仕事をしていたり、養わなくてはいけない家族がいたりして、大病につながるような危険要素を取り除く「引き算」の発想も必要だったでしょう。

しかし60代になれば、もうそうした責任はおおむね果たし終えています。ならば、自

分の人生を満喫するのが一番です。**「将来、病気にならないようにする」**のではなく、**「今ある元気と活力を保つ、高める」**という考え方に変えるのです。

活力が湧くと、生活を楽しめます。前章で述べたような人間関係の構築にも積極的に取り組めます。

そのためにすべきことは、ごくシンプルです。

検査の数値をこまごまと気にしたり、何種類も薬を飲んだり、食事制限にあけくれたりしないことです。

Point

医者がすすめるのは、「血圧を下げる」「血糖値を下げる」などの「引き算」医療。これが高齢期の活力を奪う原因になる。

02

処方されるがままに、たくさんの薬を飲まない

たくさんの種類の薬を飲み続けている人は多い。医者が処方するからだが、言われるがままに飲んでいていいのだろうか？

◉「薬を飲めば病気にならない」わけではない

高齢になると、薬の量が増える。これを多くの方が「当たり前」ととらえています。高齢者のなかには、1日に10〜15錠もの薬を飲んでいる方が珍しくありません。まさに「薬漬け」に近い状態です。

これは、果たして健康にいいことでしょうか？

薬というものは、本来、体に不調があるときに飲むものです。ところが**今の医療では、本人の体調のためではなく、「数値」を下げるために薬を処方しています。**健康診断の

数値に異常があれば、それを基準値に戻すことが目的となっているのです。たとえ、本人の自覚ではいたって元気であっても、です。

それでも、薬を飲むことで病気が防げるなら、いいことだと思われるでしょうか。

ここで、データを一つご紹介しましょう。アメリカでのある調査です。

血圧が160㎜Hgに達している人を、降圧剤を飲む人と飲まない人に分けて、6年後に脳卒中になる確率がどれだけ違うかを調べた結果、薬を飲んでいて脳卒中になった人は6％でした。一方、飲まなかった人では10％でした。

この結果を、みなさんはどう見ますか？

「明らかに差があるのだから、飲んだほうがいいだろう」

そう思われる方が多いかもしれません。この調査でも、そう結論付けています。

しかし、見方を変えると、「薬を飲んでいても、6％の人は脳卒中になる」とも言えます。さらに言うと、「飲んでいなくても、9割は脳卒中にならない」という見方も成り立ちます。

このように、**薬は「病気にならない」ためではなく、「病気になる確率を下げる」た**

めのものです。日本では、薬を飲み続ける人ほど寿命が延びるという証拠になるデータも、今のところ出ていません。それでも医者は、「薬を出しておけばいい」としか考えないのです。

高齢者の薬の数が増える理由としてもっとも大きいのは、医療の専門分化です。各科の専門性は高くなりますが、その分、専門外のことには疎《うと》く、体全体のことを考える意識も希薄《きはく》になっているのです。

高齢者はたいてい、体のあちこちに不調を抱えています。ですから、一人の患者がたくさんの診療科を回ることになります。その先で、それぞれの医者から「数値を下げるため」の薬を受け取る。これが「薬漬け」を招くのです。

⦿高齢者ほど副作用の危険性が大きい

病気になる確率が下がるだけでもメリットだと思う方もいるでしょう。

もちろん、そのメリットだけなら、私も憂慮などしません。

問題は、薬には大きなデメリットもあるということです。

薬には、多かれ少なかれ、必ず副作用があります。よく効く薬ほど副作用も強く出ますし、数が増えるほど副作用も大きくなります。**高齢者の体は若いころと比べて代謝《たいしゃ》が盛んでないので、薬が体内に残りやすい**ということもあります。

これも、今の医療が見落としているポイントです。若い人とは薬の効き方がまったく違うことを考慮していません。そもそも、処方の根拠となる正常値・異常値が、高齢者と若い人とで同じになっているのもおかしな話です。

そうしたおかしさを、まずは患者が知っておくこと。これが肝要です。

Point

薬が体に残りやすい高齢期は特に、副作用の危険が増すデメリットに目を向けよう。

03

薬の副作用で意識障害が起こることもある

一時的に意識が飛び、普段と違った状態になる意識障害は、高齢になると起こりやすい。その頻度は世間のイメージよりも多く、主な原因も身近にある。

◉意識障害は意外と頻繁に起こる

意識障害とは、意識の状態や覚醒度が、普段と違う状態のことを意味します。いわば、「寝ぼけたような状態」です。

眠っている人に声をかけて起こしたときに、普段とは違ういい加減な返事をしたり、まったく無関係なことを言ったりして、それでいて翌朝にはまったく覚えていない、ということがありますね。これが意識障害です。

実は臨床現場では、意識障害はそう珍しいことではありません。

たとえば「譫妄《せんもう》」という状態があります。高齢の入院患者によく見られるもので、入院や手術といった環境の変化のほか、薬物、感染、炎症などによって意識の混乱が起こることです。大声を出したり、暴れたり、ほかの患者さんの点滴の管《くだ》を抜いたりといった例もありますが、通常は1週間以内に収まります。

意識障害は、認知症と違って、一時的なものです。とはいえ、意外に頻繁に起こっているものでもあります。

入院していない普段の生活のなかでも、譫妄は、世の中で知られている以上に、よく起こっています。突然わけのわからないことを言ったり、暴れたりして、家族があわてて病院に連れて行くと、「認知症ではなくて譫妄ですから、すぐ収まります」と言われる、といったことがあるのです。実際、数分で収まることもあります。

⦿最大の原因は薬の副作用

意識障害は、なぜ起こるのでしょうか。そして、防ぐ方法はあるのでしょうか。

私は臨床の経験上、**もっとも大きな原因は薬**だと見ています。

医療従事者が取り扱う薬のなかに、「譫妄の副作用があるので、注意して処方すべし」とされているものはたくさんあります。睡眠導入剤としても使われる精神安定剤が効きすぎたときや、「ハングオーバー」と言って、前日飲んだ睡眠薬が残ったときにも、意識障害が起こります。

パーキンソン病の治療薬もそうです。この薬にはドーパミンを増やす作用がありますが、ドーパミンは幻覚妄想の原因物質とも考えられています。

そのほか、風邪薬に使われる抗ヒスタミン薬、ステロイド、H2ブロッカーと言われる胃腸薬などにも譫妄の副作用があります。

年齢が進むほど、薬物の影響を強く受けるようになります。その理由は、脳が老化して薬に弱くなっていることと、体が老化して薬が体内に残りやすくなっていることです。加齢とともに、肝臓で薬を分解する能力は落ちます。腎臓《じんぞう》の排泄《はいせつ》機能も衰えます。結果、薬の「半減期」が長くなるのです。

半減期とは、服薬直後にピークとなっている薬の成分の血中濃度が、半分になるまでの時間のことです。たとえば、精神安定剤「ジアゼパム」の半減期は、若いころは20時間程度ですが、70歳になると70時間と、3・5倍に伸びます。

◉高血糖や高血圧の薬も要注意

急激な血圧や血糖の低下も意識障害を引き起こします。
ということは、血圧を下げる薬や血糖値を下げる薬にも危険があるわけです。

残念ながら、医者は薬を処方するとき、「今の年齢だと半減期が若者の3・5倍だから、3・5分の1の量にしましょう」などとは言ってくれません。しかし、**薬を飲み始めてからボンヤリとだるい感じが続いていたり、意識が遠のくような感じがしたことのある方は、薬を減らすことを真剣に検討しましょう。**

◉高齢者が運転する車の暴走事故は、薬による意識障害が原因？

近年、高齢ドライバーの事故のニュースが頻繁に報道されます。
ニュース番組を騒がせるのは高齢者が運転する車の暴走による事故ですが、思えば不自然な話です。街中で目にする「もみじマーク」の車は、たいてい暴走どころか「トロトロ運転」です。高齢者は、通常、スピードを出しすぎないようにするものです。

しかし、実際に暴走事故は起こりました。それはなぜでしょうか？

私は、意識障害によって頭が朦朧《もうろう》として起こった可能性があると考えています。そして、その背景には、薬の影響があるのではないかと思います。

事故を起こした人たちにどのような持病があり、どんな薬を飲んでいたかはわかりませんが、原因が薬だとしたら、彼らに対する非難一色の風潮は、あまりに一面的ではないかと思わざるを得ません。

◉薬の削減を医者に相談しよう

免許返納を考えているなら、その前にまずすべきは、薬の見直しでしょう。

常用薬があって、だるさやふらつきのある方は、**医者に薬を減らすことを相談してみる**といいと思います。

運転中はもちろん、それ以外の時間にも起こり得る意識障害を防ぐためにも、薬との向き合い方を、今一度じっくり見直していただきたいと思います。

Point

意識障害の原因としてもっとも大きいのが、薬の副作用。
だるさなどを感じていれば、薬を減らすことを考えよう。

04

健康診断の数値に振り回されない

健康診断で重視されがちな、血圧・血糖値・コレステロール値。それを重視することには、どれだけの根拠があるのだろうか？正常値にすることが本当にベストなのか？

⦿一律の基準値を当てはめるのは理不尽

ご存じの通り、健康診断を受けると、さまざまな体の状態が数値化されて出てきます。そのなかでもとりわけ重視されるのが、血圧・血糖値・コレステロール値です。

それぞれに、若者も高齢者も一律の基準値が設けられ、その範囲内に収まっていなければ、生活改善の指導を受けたり、薬を処方されたりする。これが今の医療です。

一律に扱うのは年齢だけではありません。個々人の体質やそのときに本人が体調をどう感じているかも無視されます。薬の効き方の個人差も、ほとんど考慮されません。

「血圧が高くても元気いっぱい」という人はいくらでもいます。しかし、基準値より高ければ「下げましょう」と言われ、薬の服用や生活改善を迫られるのです。

◉「アメリカの真似」が理不尽を招いている

口うるさく血圧・血糖値・コレステロール値を「下げろ、下げろ」と言われるのは、そもそもなぜでしょうか。

それは、心筋梗塞《こうそく》や脳卒中のリスクを減らすため、ということになるでしょう。

しかし、残念ながら、**血圧・血糖値・コレステロール値が全部正常でも、心筋梗塞で亡くなる人は存在します。**

さらに言えば、医者に言われた通り、真面目《まじめ》に薬を飲んで、食べたいものを我慢する生活を続けた人が、ストレスで免疫機能が落ちてがんになることが、かえって多くなるかもしれません。

日本人の死因のトップは、心筋梗塞でも脳梗塞でもなく、がんであることも、見落とされやすいポイントです。2022年の「人口動態統計」によると、約157万人の死亡数のうち約40万人ががんで亡くなっている一方、心疾患のなかでも急性心筋梗塞に限れば、その死亡数は約3万人です。それにもかかわらず、健康指導では「血圧・血糖値・コレステロール値」が一番うるさく指摘されます。

これは、日本の医療が、アメリカの医療を見習っているからです。アメリカでは、死因の第1位は心疾患です。ですから、「心疾患を防ぐためにコレステロール値を下げましょう。そのために肉を食べる量を控えましょう」という警告は、アメリカならば理にかなっています。しかし、それを**そのまま日本に当てはめるのは、いささか乱暴**です。

この「猿真似《さるまね》」が本格化したのは1980年代からです。当時、アメリカでは、心筋梗塞を減らすために「肉の摂取を控えよう」という運動が盛んでした。日本の医学界は、これを踏襲《とうしゅう》したのです。

しかし当時、アメリカ人の1日の肉の摂取量は平均300gだったのに対し、日本ではわずか70gでした。同時期、平均100gを摂取していた沖縄県民のほうが日本全体よりも平均寿命がはるかに長かったという事実も検討されずじまいでした。

⦿高血圧や高血糖、高コレステロールは本当に悪か？

健康診断の基準値は一律の型にはまりすぎていて、重視される指標も日本に合ったものではない、となると、それに振り回されるのは馬鹿馬鹿しいのではないでしょうか。食べたいものも食べず、お酒を我慢する人生を快適とは感じないでしょう。これからの30年、40年、その不快とともに生きて、楽しいでしょうか？

世間で悪者扱いされる**高血圧・高血糖・高コレステロールは、活力につながるものでもあります。**

低血圧になると、だるさを感じます。低血糖のときも、眠気や倦怠感《けんたいかん》が起こります。また、コレステロール値が低い人は、男性ホルモンが減り、免疫力も低くなり、やはりだるさを感じます。

数値を下げるという「医者の正義」に従っていても、自分の感覚として元気ではないのなら、健康とはとうてい言えないでしょう。

Point

コレステロール値が重視されるのは、アメリカの医療を真似ただけ。

05

コレステロールは「幸せホルモン」を脳へ運ぶ

動脈硬化を引き起こす悪者とされるコレステロール。しかし、実は、高齢になっても元気に暮らすために重要な役割を果たしている。

⊙コレステロール値が高いと、なぜ悪いのか？

そもそもコレステロールとは、主に肝臓で生成される、脂質の一種です。血流に乗って全身に運ばれるのですが、多すぎると血管壁に溜まり、動脈硬化を引き起こすとされてきました。

動脈硬化とは、血管が固くなって弾力性が失われることです。すると血栓《けっせん》が発生しやすくなり、脳梗塞や心筋梗塞を引き起こし、突然死したり、半身不随《はんしんふずい》になったりする可能性が高まります。

だから、コレステロール値が高いと「下げろ」と言われるのです。

しかし実は、**動脈硬化の最大の要因は加齢**です。動脈硬化は、どんな生活をしていようと、歳を取れば誰もがなるものなのです。

私はかつて、浴風会病院という高齢者専門病院に勤務していました。そこで毎年100人くらい解剖《かいぼう》した結果を見て、わかったのは、「70代後半で動脈硬化のない人は一人もいない」という事実です。

動脈硬化があるからといって、すぐに血管が詰まって死ぬわけではありません。

それに、コレステロールによる動脈硬化は、10年、20年とかけて、ゆっくりと進むものです。「コレステロール値が高いから、下げましょう」という医師のすすめは、はるか未来の病気を回避するためのものです。

肉の脂身《あぶらみ》はNG。糖質も控える。お酒も厳禁。そんな食事制限をずっと続けて、60歳にもなってから、はるか未来の病気の可能性を下げる。しかも、加齢による動脈硬化が防げるわけではない。それが、果たして理にかなったことでしょうか？

◉60歳からはコレステロール値は高くていい

コレステロール値は、60歳を過ぎたら、少々高いくらいのほうが健康的です。**コレステロールは細胞膜の原材料です。**コレステロールが足りないと丈夫な細胞膜がつくられず、細胞の新陳代謝も鈍くなります。

また、コレステロールは、神経伝達物質の一つであるセロトニンを脳へ運ぶ役割も果たしていると考えられています。

セロトニンは別名「幸せホルモン」とも呼ばれ、心の平穏《へいおん》を保つのに不可欠な物質です。**コレステロール値の高い人のほうがうつ病にかかりにくく、かかっても治りやすい**こともわかっています。

加えて、**コレステロールは性ホルモンの材料にもなります。**女性ホルモン・男性ホルモンの減少が顕著になる60代、それに拍車をかけるのはいい選択とは言えないでしょう。

さらに言うと、**コレステロールが少なすぎても脳卒中のリスクが高まります。**脂質不足の血管はもろく、破れやすいからです。

日本人の脳出血による死亡者数は、戦後のある時期から、大幅に減少しました。これは、肉をよく食べるようになったことでコレステロール値が上がったことが主因です。

Point

コレステロールを悪者と見なすのは禁物。むやみに下げると若々しさを失ったり、うつになったりする可能性も。

06

高血糖より低血糖に注意する

糖尿病予防のために、高血糖は悪とされている。近年は糖質制限ダイエットも流行しているが、高血糖に比べて、低血糖の危険性はほとんど知られていない。

◉低血糖にはさまざまな害がある

血糖値とは、血中のブドウ糖の濃度のことです。

高血糖の害は、みなさんも普段から、さかんに耳にすることと思います。血糖値が高いと糖尿病と診断され、血管に負担がかかるので動脈硬化も進むと言われます。糖尿病は、悪化すると腎機能障害や神経障害、失明の危険もある網膜症などの合併症を引き起こします。

一方、低血糖の害については、ほとんど語られていません。しかし実は、こちらのほうがはるかに怖いのです。

高血糖ですぐに死ぬことはありませんが、**血糖が極端に低くなると、昏睡《こんすい》・けいれん・脳障害などを起こして、すぐに死に至ります。**

命に関わるほどではない低血糖でも、**「頭が働かなくなる」「ボーッとする」**という変化が起こります。脳は、体のなかでもっともブドウ糖を消費する場所なので、真っ先に頭の状態に影響が出るのです。

よく「朝食を抜いている子どもは成績が悪い」と言われますが、これもブドウ糖不足で脳の働きが低下しているせいです。

子どもでもそうなのですから、60代ともなると、低血糖が脳に与える害はさらに大きなものになるでしょう。

⦿高血糖と低血糖、どちらが認知症になりやすいか

「高血糖のほうが認知症になりやすい」と聞いたことがある方もいるでしょう。

たしかに、糖尿病情報センターのホームページには、

「糖尿病の方はそうでない方と比べると、アルツハイマー型認知症に約1・5倍なりや

すく、脳血管性認知症に約2・5倍なりやすいと報告されています」

とあります。

ところが、続けて、次のように書かれています。

「糖尿病治療の副作用で重症な低血糖が起きると、認知症を引き起こすリスクが高くなると言われています」

高血糖でも低血糖でも認知症になるリスクが高い、と言われたようなもので、煙《けむ》に巻かれた気にさせられます。

ここでデータを紹介しましょう。

浴風会病院の板垣晃之医師が、生前、糖尿病だった人と、糖尿病でなかった人の脳を解剖して比較したところ、前者のアルツハイマー症の発症率が8・8%だったのに対し、後者の発症率は27・9%でした。実に、3倍以上の差が出たのです。

ところが、福岡県久山町の調査では、まったく逆で、糖尿病の人のほうがアルツハイマー型認知症に2・2倍なりやすいとの結果が出ています。

また煙に巻かれそうですが、この謎には、解く手がかりがあります。

浴風会病院では、よほどの高血糖でない限り、糖尿病の治療を行いませんでした。対して久山町では、糖尿病と診断された方々に原則的に治療を行っていました。ということは、認知症が「糖尿病の結果」ではなく、「糖尿病の治療の結果」である可能性もあります。医者の間でも見解が分かれるところですが、高血糖だけをむやみに危険視する傾向は、今後変わっていくかもしれません。

いずれにせよ、血糖値を気にして糖質制限をするのは、60歳以降はおすすめできません。**低血糖になると、やる気が低下します。**頭がボーッとして、活力が下がるのです。また、交通事故の原因になり得ます。**脳以外の組織も、ブドウ糖不足の影響を受けます。**たとえば筋肉にもブドウ糖は不可欠。低血糖によって、転倒のリスクが増大します。皮膚も老けた見た目になりやすくなります。

Point

血糖値が高すぎてもすぐには死なないが、低血糖はすぐ死に至る危険がある。

07

高血圧より低血圧に注意する

「血圧が高いと血管が傷付くから、下げるべき」が世の中の健康常識。
しかし、減塩したり、降圧剤を飲んだりする先には、別のリスクも……。

◉160〜170㎜Hg程度なら心配しなくていい

健康診断で高血圧と判定されると、必ずと言っていいほど「塩分を控えなさい」と言われます。その命令に従って、味気ない食事を我慢して食べている中高年の方は多く見られます。スーパーの棚にも減塩をうたった調味料や食品が数多く並び、健康を気にする人が、しぶしぶ買い込んでいます。

しかし、「高血圧＝悪」と思っている方々が知らないことがあります。

実は、**血圧の高さが健康や寿命にどのような影響を与えるのかは、今のところよくわかっていない**のです。

200㎜Hgを超えたら、さすがに、血流の勢いが強すぎて血管が破れる恐れがありますから、注意が必要でしょう。しかし、160〜170㎜Hg程度なら気にする必要はないと私は考えています。60代の方なら、**少々高いくらいのほうが、頭がよく働き、活力も出ます。**

◉過剰な減塩は意識障害を招く恐れがある

逆に、血圧を気にして塩分を減らしすぎると、塩分に含まれるミネラルであるナトリウムが足りなくなる恐れがあります。

ナトリウムは、細胞の外側にある体液（血漿《けっしょう》やリンパ液など）の量を保ったり、筋肉の収縮を調整したりと、体に欠かせない役割を果たす物質です。

若いころは、少々塩分が足りなくとも、腎臓でナトリウムをキープしておく力（ナトリウム貯留能）が十分に働きます。しかし、加齢とともにその力は衰え、塩分不足でもナトリウムが排出されやすくなります。

その結果、**「低ナトリウム血症」**を起こす危険があります。低ナトリウム血症は軽度でも意識障害を引き起こし、重度になると死に至ります。

ちなみに私も高血圧ですが、塩分は控えていません。利尿剤を服用しているせいか低ナトリウム血症の傾向があり、これ以上ナトリウムを減らすのは危険だからです。

⊙「正常値」にすると倦怠感が出ることも

私は、放っておくと収縮期血圧が200㎜Hgを超えます。140㎜Hg以上で高血圧と診断されることを考えると、常識的には「きわめて危険」とされる数値です。

自覚症状としては、すぐに息苦しくなるのを感じます。これは、心筋肥大が悪化して、不全になったことで起こる症状です。高血圧が続くと、心臓に負担がかかって心臓の筋肉が分厚くなり、ポンプ機能が落ちるのです。

これは問題だと思い、高血圧の治療薬を試すことにしました。

しかし、正常値の140㎜Hgまで下げると、今度は体がだるく、頭もふらつき、思考力や集中力が落ちてしまうことがわかりました。

そこで薬の量を調整し、170㎜Hg程度なら思考力や活力も落ちないことがわかりました。

「170㎜Hgは異常値だ」と、常識的な医者なら怒るでしょう。しかし私は、**個人差を**

無視した一律の数値よりも、自分自身の体の声を大事にしたいのです。

ちなみに、一般には非公開の医療専用のサイト「m3.com」上では、この私の考え方が大いに非難されました。日本の医者の「妄信」はここまで強いのかと、暗澹《あんたん》とした次第です。

さて、みなさんはこの話をどう感じられたでしょうか？

私は決して、「私と同じようにせよ」と言っているわけではありません。世の中の大半の医者のように「私の言うことを聞け」と言う気は毛頭ありません。私と同じ立場になったとき、数字を取るか、体の声を取るか。そこは、みなさんの価値観次第です。

Point

「高血圧＝悪」と決め付けると、逆に危険なことも。降圧剤も人によっては不調が出る。

08

メタボも気にしない

「肥満＝悪」も世の中の常識になっている。

「メタボリック・シンドローム（メタボ）」という言葉も、すっかり定着した。

しかし、体重と寿命の相関を見ると……。

◉一番長生きできるのは「小太り体型」

「新陳代謝が落ちたせいか、そんなに食べていないのに体重が増えていく」

そう思って、ダイエットに励《はげ》む方をよく見かけます。「美容のために痩《や》せたい」という方もいますが、「メタボは体に悪いから」と考える人も多くいます。

たしかに、内臓脂肪が多すぎると、高血圧や糖尿病などの病気を招きやすくなります。

過度な肥満は解消したほうがいいでしょう。

しかし、「過度」でなければ、メタボと診断されても、気にする必要はありません。

「ＢＭＩ」という指標をご存じの方は多いと思います。「体重（kg）÷身長（m）の２乗」で算出される数値で、18・５〜25・０未満が「健康」とされています。

ところが、さまざまな統計で、これに反するデータが出ています。

ＢＭＩの数値を何段階かに分けて平均余命を比較した日本の調査では、ＢＭＩが25・０〜30・０未満の人が、40歳以降の平均余命が一番長いという結果が出ました。もっとも短かったのは18・５未満の人で、両者の間には６〜７年の開きがありました。

２００６年のアメリカの「国民健康栄養調査」でも、ＢＭＩが25・０〜29・９の人が一番長生きという結果に。18・５未満の人の死亡率は、その２・５倍に上りました。

つまり**「小太り」程度の人が、一番長生きできる**のです。

ＢＭＩが35以上の肥満でない限り、無理に体重を落とさなくていいのです。

60歳を過ぎてから体重を落とすと、栄養不足になります。体はもちろん、脳にも十分に栄養を送れず、頭の働きも悪くなります。

痩せている年配の方は、たいてい見た目がしなびたような印象で、しわも目立ちます。ぽっちゃりしている方のほうが、肌もつややかで若々しく見えます。

◉「細い＝美しい」という決め付けから卒業しよう

「それでも私は痩せていたい」

「小太りなんて嫌だ。スリムになってきれいだと言われたい」

特に女性からは、こんな言葉が返ってきそうです。

今の世の中では、老いも若きも「痩せたい願望」のとりこです。

テレビでは四六時中、「○か月でマイナス○kg！」「ウエスト○cm減！」といった掛け声とともに、ダイエット食品やダイエット器具の購買を呼び掛ける宣伝番組が放送されています。それはとりもなおさず、視聴者の関心が高いからです。つまり、「スリムであること＝美しい」という価値観が、深く根を下ろしているのです。

痩せることが「健康」ではないことは、もうおわかりでしょう。さらにもう一歩進めて、「美しい」に結び付けるのも、そろそろやめるべきです。

あくまで推測ですが、「痩せていたほうが美しい」という価値観を世に根付かせたのは女性に「弱くいてほしい」と思う、男性の策略かもしれません。

中国には昔、「纏足《てんそく》」という風習がありました。女性の足は小さいほうがいいという価値観のもと、女の子は子ども時代から足に布を固く巻いて、大きくならないようにしたのです。小さい足でおぼつかなげに歩く姿が、はかなげで魅力的＝支配欲をそそる、と男性は考えたのかもしれません。逃げ出せないようにしたという説もあります。女性は細くあるべきという風潮にも、同じ価値観があるのではないでしょうか。「細い＝美しい」という価値観で、女性の知力が十分働かないようにしているのかもしれません。

纏足は、とうに過去の遺物となり、現代人は足の小ささを美しさに結び付けたりはしません。未来の世では、痩せ願望は「遺物」になっていることを願うばかりです。

Point

60歳以降のダイエットは栄養不足を招き、美容上も決してプラスにはならない。

09

健康診断は、不調がなければ受けなくていい

定年後は、会社で毎年受けていた健康診断と縁が切れる。
自分で申し込んで、受けたほうがいいのだろうか？
健康診断は、本当に「健康」に結び付くのだろうか？

◉健康診断と寿命は関係がない

「健康診断を受けよ」とさかんに奨励されるのは、日本だけだということをご存じでしょうか。

この習慣は、欧米では見られません。なぜなら、**健康診断と健康や長寿には、相関性がない**ことがわかっているからです。

実は、日本の統計にも、そのことは表れています。男性と女性の平均寿命を比べれば、

すぐにわかることです。

日本の企業が健康診断を行うようになったのは１９７０年代です。当時はサラリーマンと言えば男性がほとんどで、女性の多くは専業主婦でした。勤めていたとしてもパートが多いのも特徴です。ですから、健康診断を受けるのは主に男性で、女性の大半は受けていなかったことになります。

１９７０年当時の平均寿命は、男性が69・31歳、女性は74・66歳でした。およそ5年、女性のほうが長いことがわかります。

では、現在はどうでしょうか。70年代に健康診断を受けていた世代が70代以上となり、そろそろ寿命を迎えるころとなっていますが、２０２３年7月の厚生労働省の発表によると、２０２２年の男性の平均寿命は81・05歳、女性は87・09歳です。

寿命そのものが伸びているのは、栄養状態がよくなったからと考えるのが自然です。相変わらず女性のほうが長生きですが、着目していただきたいのは、男女の「寿命の差」の変化です。50年経った今、男女の差は6年に開いています。

健康診断が、本当に寿命が延びることにつながるのなら、差はもっと縮まるか、男性が逆転することもあり得たはずです。

健康診断を毎年受け、数値が悪かったからと、薬を飲んだり、塩分を控えたり、タバコをやめたりしてきた人たちは、もしかすると、「そんな我慢、しなけりゃよかった」と、あの世で不満を漏らしているかもしれません。

健康診断で悪い数値が出たあと、放置していても病気にならない人もいれば、正常値だったのに心筋梗塞や脳梗塞になる人もいる。それが、健康診断の実際の姿です。

⊙不調がないなら「受けない」のも選択肢

そもそも、「正常値」とはどのように決められているものなのでしょうか。

日本では、ほとんどの数値が、「健康と見なされる人の平均値」を中心に、95%の人たちが収まる範囲を「正常値」としています。その範囲からはみ出した5%は「異常値」とされます。つまり、**個々人の実際の健康状態とは無関係**なのです。

そう考えると、数値に振り回されることに意味があるのか、わからなくなってくるのではないでしょうか。

定年後は、会社で健康診断を「受けさせられる」ことはもうありません。住んでいる自治体が案内を送ってきたり、かかりつけ医がすすめてきたり、配偶者に誘われたりと、ケースはさまざまですが、いずれの場合も、受けるなら「自発的に」受けに行くことになります。

もし、「数値に一喜一憂したくない」「不調もないのに、血圧を下げろと言われたら嫌だ」といった思いがあれば、あえて受けないのも一つの選択です。

逆に**「不調がある」ときは、放っておいてはいけません。**これまでもお話ししてきたように、体の声にはしっかり耳を傾けるべきです。

「怖いから直視したくない」と思うのは、日本人の悪いクセです。不安だからこそ現状を明らかにし、不調を取り除くための治療を受けましょう。

Point

健康診断で異常値が出ても健康な人もいれば、正常値でも病気になる人もいる。

10

自分の体調は自分でチェックする

健康診断を受けなくても、体の状態を知るのは、実は簡単だ。自分で「体調がいいか、悪いか」を感じるだけでいい。

⊙自分の感覚が一番頼りになる

体調が悪くないのなら健康診断は受けなくてもいいとお話ししましたが、自分の体調は、どうチェックすればいいのでしょうか？

それは、**自分の体の声を聞けばいい**のです。

頭がボーッとしていないか。体が重くないか。どこかに痛みはないか。食欲はあるか。よく眠れるか。お通じの具合はどうか。そうしたことに意識を向ければいいだけです。

これは、定年後だからできるチェック法だとも言えます。

定年前は、昼も夜もなく働いて、疲れているのが当たり前。そんな時期を長く過ごしてきた方が多いでしょう。そんな生活では、不調に自分で気付くのは難しかったと思います。逆に言うと、そのころは、会社が用意した健康診断を受けて数値で自分の体の状態を知ることにも、一定の意味があったかもしれません。

定年退職を迎えると、そうした体への負担が減り、自分の体調に敏感になれると思います。

⦿疲れが取れないのは薬のせいかも

体調を意識するようにすると、疲れが取れないことが気になる方が多いでしょう。

しかし、それは単純に加齢によるものですから、気にする必要はありません。年齢を重ねると、疲労物質の乳酸を分解・排出するのに時間がかかるため、回復が遅くなるのは当然です。最善の対処法は、栄養を摂ることです。

ただ、**しつこい疲労を感じるなら、薬の副作用の可能性があります。**

血圧や血糖値、コレステロール値などを下げる薬を飲んでいませんか？

これらの薬を飲むと、体がだるくなって、頭がボーッとすることは、すでにお話しした通りです。その疲労は、薬を飲み続けている限り続きます。

だるさを感じながら、これからの人生を生きたくはないでしょう。紙の上の数値より、今感じているだるさのほうが、はるかに直接的で不快なはずです。

ちなみに私の場合、糖尿病になってから、血糖値は一番高いときには660mg／dℓに達したことがあります。しかし、インスリン注射は今まで一切していません。

毎朝血糖値を測って、300mg／dℓを超えたときだけ、薬を飲んでいます。あとは、歩いたりスクワットをしたりと、軽い運動をして300mg／dℓ以下になるよう調整しています。

空腹時血糖の正常値は100mg／dℓ未満ですから、大幅に高い数値ではありますが、数値よりも感覚に従って、「ここまでしかやらない」と決めたのです。

加えて、先にお話ししたように、低血糖のほうが危険だと考えているからでもあります。特に車に乗るときの低血糖だけは絶対に避けなくてはいけないと思っています。

⊙痛み止めは体に悪くない

なお、一般的に、血圧を下げる薬は「体にいい」、痛み止めは「体に悪い」と言われていますが、感覚で考えると、血圧の薬を飲めばだるくなり、痛み止めを飲めば痛みが消えて楽になるのですから、良《よ》し悪《あ》しが逆転します。今ある痛みが取れるのだから、痛み止めは体にいい、という考え方もできるわけです。

しかも、痛み止めを長期間飲み続けるケースは少ないですが、血圧などの薬は、飲み出したら一生「飲め」と言われます。人生に与える影響が、思っている以上に大きいのです。

Point

自分の体の声に耳を澄ませよう。
自分の体が不快に感じるものは、取り入れなくていい。

11

がん検診も受けるのが正解とは限らない

日本人の死因の4分の1を占める、がん。年齢を重ねるほど、がんの発症率は高くなっていく。やはり、早期発見をしたほうがいいのだろうか？

⦿年齢が上がるほど、がんのリスクは高まる

ご存じの通り、がんは日本人の死因第1位の病気です。4人に1人は、がんが原因で亡くなっています。

がんになる原因は「細胞のミスコピー」だとする説が有力です。ミスコピー自体はいつでも頻繁に起こっているのですが、若いころは「NK細胞（ナチュラルキラー細胞）」という免疫細胞が、ミスの出た細胞をすぐに殺してくれます。ところが年齢を重ねると、NK細胞の活性が落ちてきて、ミスコピーされた細胞が残り、増殖して、がんが発生しやすくなります。つまり、年齢を重ねるほど、がんのリスクは上がるのです。

ならば、60歳を過ぎれば頻繁にがん検診に行って、早期発見・早期治療したほうがいいのかというと、実は、一概《いちがい》にそうとも言い切れません。

◉85歳を過ぎれば誰にでもがんはある

みなさんはこれまでに、知人や親族などから「あの人、がんが見つかったときはもう手遅れで……」という話を聞いたことがあると思います。おそらくその話は、「早めに見つけておけば助かったのに」という嘆《なげ》きとともに語られたことでしょう。

しかし、考えてみてください。末期になるまで本人が気付かなかったということは、**がんは意外にも症状が出ない病気**だということです。

私自身も昔、驚いたことがあります。浴風会病院で年間100例のご遺体の解剖結果を見てきた際に、85歳以上の方でがんのない方は一人もいなかったのです。高齢になれば全員、体のどこかにがんはできるのです。

しかし、それが死因になるとは限りません。先ほど言った通り、死因になるのは4人に1人。残りの方々は、がんがあることを知らないまま、別の原因、もしくは老衰で亡くなられています。

「あってもわからない」ということは、**「あってもつらくない」**ということ。一般的なイメージと大きく異なるのではないでしょうか。

⦿がんの苦痛は治療の苦痛である

「がんは痛い病気なんでしょう?」と、よく聞かれます。たしかに、骨など、発生や転移の部位によっては強い痛みを生じることがあります。しかし、そうした例外を除けば、がんの苦しさとは治療の苦しさであり、がんそのものが引き起こすものではありません。

特に苦しみを招くのは、手術後の放射線や抗がん剤などの化学療法です。手術で病巣《びょうそう》を取り除いたあと、体内に残っている「かもしれない」がんを殺すため、放射線や薬で攻撃するのです。また、がん以外の周りの臓器まで切り取ることで、栄養状態が悪くなって苦しむこともあります。

目的は、転移を防ぐことです。私は、転移を恐れすぎることが、日本のがん治療の根本的な問題だと思っています。

転移の怖さよりも、治療によって体自体が攻撃を受けること、結果として活力が激しく奪われることに、もっと目を向けるべきです。

転移を恐れて、がんの周りの健康な組織まで大きく切除する手術も、患者さんの体力を奪います。

そう考えると、早期発見・早期治療は、果たして最良の選択かどうか、わからなくなってきます。**がんがあることを知らないまま過ごしていく、という選択もあっていいの**ではないかと、私は思います。

ただし、乳がんに関しては、早期発見・早期治療に大きな意義があります。現在は乳《にゅう》房《ぼう》温存療法が一般化し、体への負担が少なく、乳房を失うという喪失体験もせずに済むようになったからです。

Point

がん検診で早期発見して苦しい治療を受けることだけが正解ではない。「知らないまま過ごす」という選択もある。

12

脳ドック・心臓ドックは定期的に受ける

健康診断に比べると、まだまだ受ける人の少ない脳ドックや心臓ドック。しかし、これらを受けることには、健康診断よりも意味がある。

⊙すべての検査に意味がないわけではない

　ここまで読んだ方には、私が基本的に「健康診断の類は無理に受けなくていい」という考えを持っていることが伝わったと思います。とはいえ、すべてを否定しているわけではありません。

　私自身も、定期的に受けている検査があります。糖尿病があるので、合併症が起こっていないかどうかを確かめるため、腎機能検査を3か月に1回、眼底検査を半年に1回受けています。もし合併症が見つかれば、血糖値を今より下げるなどの対処をするでしょうが、今のところ、その気配はありません。

重大な結果になる可能性が実際に生じていないかどうかを検査するのは重要です。

健康診断では「血圧」「血糖値」「コレステロール値」などの数字がいいか悪いかが問題になりますが、それらが高いこと自体が問題なのではありません。

大事なのは、コレステロール値ではなく、動脈の狭窄《きょうさく》が起こっていたり動脈瘤《りゅう》ができたりしていないかです。動脈の狭窄が起こっていれば、血管が詰まる可能性がります。脳の血管が詰まれば脳梗塞が起こり、動脈瘤が破れるとくも膜下出血が引き起こされます。心臓の周りの冠動脈が詰まれば、心筋梗塞になります。つまり、突然死の危険性があるということです。

こうした観点から、私が「受ける価値がある」と言える検査は、心臓ドックと脳ドックです。心臓ドックは5年に1回、脳ドックは10年に1回くらいの頻度で十分です。

⦿脳動脈瘤が見つかれば、突然死しないように対処ができる

脳梗塞や心筋梗塞で突然死するのは、望ましい死に方ではないでしょう。

よく「ピンピンコロリで死にたい」と言う方がいます。死ぬ直前ギリギリまで健康で

いたい、つまり、健康寿命を延ばしたい、という意味で言っているのはわかりますが、言い換えれば突然死です。脳梗塞や心筋梗塞で死ねば「ピンピンコロリ」になりますが、本当にそれは望ましい死に方でしょうか？　心の準備も何もなく死ぬのは、やはり抵抗があるでしょう。

一命を取りとめても、半身不随になったり、寝たきりになったりします。それも、やはり望まない未来でしょう。

脳ドックや心臓ドックで脳の血管や冠動脈の現状を知っておくと、そのような事態を避けるよう対処することができます。

たとえば、脳ドックで動脈瘤が見つかれば、くも膜下出血を防ぐための施術ができます。以前は開頭手術が必要でしたが、今はカテーテルを使って血管のなかにコイルを入れるやり方などで対処できます。

⦿心筋梗塞もコイルやステントを使った手術で対処できる

心臓ドックに関しても、心筋梗塞を引き起こすことのある冠動脈狭窄、あるいは大動脈解離などの兆候を、前もって知ることができます。

予防措置《そち》は、アメリカではバイパス手術になることが多いのに対し、日本では「ステント」という小さな管を血管に入れて広げる措置が大多数です。おそらく、そのほうが危険は少ないでしょう。日本人のほうが手先が器用という印象も、私は持っています。

ところが日本では、アメリカと違い、この措置がその後の罹患《りかん》率や死亡率、寿命にどう影響するかを調べる大規模調査が行われていません。これはほかの検診に関しても、多くの薬の効果に関しても同様です。海外での研究結果を参照しているだけです。

残念ですが、脳ドックや心臓ドックが死亡率を下げるというエビデンスは、アメリカにもありません。しかし、私の経験では、**予防のために意義ある検査である**とは言えます。

Point

脳の動脈瘤や心臓近くの冠動脈狭窄は、突然死を防ぐために早く発見しておきたい。見つかれば、簡単な施術で対処できる。

13

運動や筋トレは下半身を優先的に

体力が衰えないように、60歳からは運動や筋トレをしたほうがいいのか？
やるなら、どんな運動を、どのくらいするのがいいのか？

◉楽にできない運動はしないほうがいい

体の組織はすべて、使わなければ機能しなくなるものです。頭も、使わなくなったら認知症になりやすくなります。

なかでも、使わないとどんどん衰えるのが脚です。しかも、使わなかったときの衰え方は、歳を重ねるほど激しくなります。

たとえば20代なら、スキーで脚を骨折して、1か月間、完全に動かさない生活をしたとしても、骨がつながればすぐに歩けるようになります。しかし、高齢の入院患者が病気で1か月ほど寝て過ごしていると、その病気が治って退院しても、歩けなくなっているということがよく起こります。そうした例があまりに多いので、高齢者の入院時には、治療とセットで入院中のリハビリを行うべきではないかと、私は思っています。

ですから、筋肉が衰えないように、運動や筋トレをするのはいいことです。とはいえ、60歳を過ぎたら、やりすぎに注意しましょう。まったく運動しないのは問題ですが、無理をしないことが大切です。

過剰な運動は体の酸化を加速させます。ランニングなど、負担の大きい有酸素運動を行うと、活性酸素が大量発生し、細胞が傷付く恐れがあります。運動すると若返るイメージがありますが、この場合、逆に老化が進みます。

筋トレに代表される無酸素運動も、**負担が大きすぎると、筋肉の損傷や怪我《けが》の原因になる**ので注意が必要です。

適度な運動は、体力や筋肉量によって、一人ひとり違います。ですから、「つらくないか」「楽にできるか」「楽しいか」を基準にしましょう。

ジムで筋トレをするのが好きなら続ければいいですし、すぐ疲れる人なら散歩でも十分です。

⦿大きい筋肉は下半身に集中している

私の「運動の適量」は、1日3000歩程度歩くことと、1日10回のスクワットです。

主な目的は、血糖値の調整です。

どちらも、脚に重点を置いた運動です。というのも、人間の体のなかで大きい筋肉は下半身に集中しているからです。**脚に筋肉をつけると効率よく糖を消費してくれる**ので、血糖値を下げるのにちょうどいいのです。

みなさんも、**60歳からは、今まで以上に、脚を鍛えることを意識しましょう。**筋トレをする人は、ともすると腕の筋肉や胸筋や腹筋など、目につくところばかり鍛えがちですが、筋肉量の多い部分を鍛えるほうが代謝も進みますし、**将来起こり得る「ロコモティブシンドローム」（歩けなくなったり、寝たきりになったりする状態）を防ぐ**ことができます。

⦿階段を使って「ブレーキ筋」を鍛えよう

脚の筋肉には、「落ちやすい」という特徴もあります。

とりわけ落ちやすいのが「ブレーキ筋」です。

たとえば階段を降りるとき、足が柔らかく着地できるよう加減をする筋肉がブレーキ筋です。太ももの大腿《だいたい》四頭筋などが代表格です。

ブレーキ筋の衰えを防ぐには、やはり階段を歩くのが一番です。手摺《てす》りにつかまりながら、**昇るよりも、降りることを重点的に**行いましょう。

もう一つ、男性の方に知っておいていただきたいのは、男性ホルモンが減ると筋肉がつきにくくなるということです。筋トレの効果が出ないときは、男性ホルモンの値を調べてみましょう。もし不足していたら、男性ホルモンを補充することで筋肉がつきます。

Point

つらい思いをしてまで運動すると、かえって体が老化する。楽しくできる範囲で、下半身を意識して行うのが効率的。

14 食事は制限せず、自炊よりもコンビニ・外食

糖分を控える、塩分を控える、脂質を控えるなど、食事と言えば「減らす」ことが推奨される。しかし、高齢期の体には、それがかえって害になるかもしれない。

⊙「余る害」より「足りない害」に注意

60歳からの食事と言えば、「食べすぎに注意」「糖質は血糖値が上がるから控えよう」「塩分も高血圧になるから控えよう」など、減らすことにばかり注意が向けられがちです。そのルールにいちいち従っていると、食事が味気なくなりませんか？

味気ないだけではなく、危険でもあります。人間の体は、歳を取れば取るほど、糖質や脂質が「余る害」よりも、「足りない害」のほうが大きくなります。つまり、**栄養不足の害が生じやすい**のです。

栄養が足りないと筋肉が減り、骨がもろくなって、骨折のリスクが高くなります。肌つやも悪くなって美容にも悪影響ですし、元気と活力が失われて老化がさらに速まります。

ですから、医師のすすめや世の健康常識にとらわれず、**食べたいものを食べましょう。**「コレステロール値が高くなるから肉を減らせ」という言い付けにも、従う必要はありません。良質なたんぱく質を摂ると「幸せホルモン」のセロトニンが増えますし、脂肪も細胞をつくるために不可欠な栄養素ですから、控えるとかえって若々しさがなくなります。

⊙コンビニ食のほうが多くの品目数を食べられる

好きなものを食べればいいとは言っても、**同じものを毎日食べるのはよくありません。**足りない栄養素をつくらないためには、**食べる品目の数を増やす**ことが大事です。

「家でご飯をつくって食べる」という一見健康的な習慣は、品目数を増やすうえでは、少々難《なん》があるでしょう。料理が好きな方なら、バラエティに富んだ食材を毎日取り揃えることも楽しめるでしょうが、「献立《こんだて》を考えたり調理したりするのは面倒だ」と思う方なら、1日3～5品目くらいで済ませてしまうことも多いでしょう。ときには「納豆と白米だけ」「卵かけごはんだけ」といった日も出てくるかもしれません。

それなら、**コンビニで、幕の内弁当のような、品目数の多いお弁当を買ったほうが、はるかに健康的**です。

コンビニ食というと「添加物が心配」と言う方がいますが、添加物の害など、たかが知れています。発がん性物質でさえ含まれる量はごくごく微量で、運が悪かったとしても、がんの発症に至るまでに少なくとも10年以上は要します。はるか先のがんよりも、今の「おいしい」のほうが、はるかに価値があるのではないでしょうか。

⦿ラーメンは意外に健康的

外食もおすすめです。私は、ランチにラーメンの食べ歩きもしています。

ラーメンは「体に悪いもの」の象徴のように言われがちですが、それはひと昔前の話。今のラーメン店では、店によっては20～30種類の食材を使ってスープをつくっています。つまり、20～30品目入りのすばらしい栄養食なのです。トッピングを追加すれば、さらに品目数が増えます。

なお、私はなるべくスープまで飲み干すようにしています。私は低ナトリウム血症になりやすいので、塩分はむしろ必要でもあるのです。

みなさんも、「飲みたい」と感じるなら、飲んでいいと思います。それは、体が求めているということだからです。

誰でも加齢によって動脈硬化が起こるというお話をしました。固くなった血管で、酸素やブドウ糖を体中に届けるには、ある程度の血圧が必要です。体はそれを知っているから、塩分を欲するのです。その声に、素直に従いましょう。

つまるところ、**「食べたいものを食べる」ことが、やはり一番**なのです。

Point

60歳からは、食べたいものを食べるほうが栄養不足を防げて健康的。品目数が多いほどいい。

15 お酒・タバコも節制しなくていい

「お酒やタバコは体に悪いから控えるように」ともよく言われる。でも、好きな人にとってはやめたくない、やめられないもの。どうすればいいのだろうか？

◉喫煙者だから早死にするとは限らない

タバコには、たしかに害があります。よく言われるように肺がんの原因になるほかにも、ニコチンには血管を縮める作用があるので、血流が悪くなります。体内に血がめぐらず、脳への酸素の供給も減ります。つまり、喫煙していると頭の働きが悪くなる可能性があります（人によっては冴《さ》えるようですが）。

一方で、最近、ニコチンにはアルツハイマー型認知症を防ぐ効果があるという研究結果も出ています。一概に、タバコは脳に悪いとは言えないのかもしれません。

もう一つ、意外性のあるデータを紹介しましょう。

浴風会病院で、高齢者施設の入居者を対象に、喫煙者と非喫煙者の病気や寿命の状況を10～15年にわたって追跡調査した結果、両者の「生存曲線」はほとんど変わらなかったのです。生存曲線とは、「どれだけの年月が過ぎれば、どれだけの方が亡くなるか」を示した点をつないだ曲線です。つまり、喫煙者も非喫煙者も、余命に差がなかったということです。

30代や40代なら、将来の疾患リスクを減らすうえで、禁煙に意味があるでしょう。しかし、**タバコを吸い続けて60歳になり、それで健康なのであれば、したいようにしていいのではないでしょうか。**

「タバコは体に悪い」「副流煙があるから周りの人の体にも悪い」「臭《にお》いも迷惑」とさんざんな言われ方をして、喫煙できる場所の制限も厳しくなっていますが、非合法なわけではありません。20歳を超えていれば、誰でも吸う権利はあります。

吸うとリラックスしていい気分になれるなら、人に迷惑をかけないかたちで、それを楽しめばいいのではないでしょうか。

◉無理な禁煙は免疫機能を低下させる

「ＱＯＬ」という言葉をご存じですか？ Quality Of Lifeの頭文字を取ったもので、日本語に訳すと「生活の質」です。

高齢期のＱＯＬは、単に長生きすれば高くなるわけではありません。快適さ、楽しさ、充実感といったものを感じながら生きることが大切です。

タバコは健康によくないことがわかっていますが、タバコ好きな人が無理をして禁煙すると、ＱＯＬが著《いちじる》しく下がります。

さらに、タバコを吸いたいのに吸えないと、かなり大きなストレスがかかります。**ストレスには免疫機能を下げる作用があり、がんの発生因子にもなります。**長生きのために節制したつもりが、逆に寿命を縮めることもあり得るのです。

◉お酒を飲むなら誰かと一緒に

お酒も同様で、好きなら、やめる必要はないでしょう。私もワインが好きなので、心の潤《うるお》いになるのはとてもよくわかります。ストレス解消のもっとも身近な方法でもありますから、適量を守りつつ楽しむのがいいでしょう。

問題は、適量を守れないときです。**お酒には、依存症の危険があります。**酒量が増えやすいのは、一人で飲んでいるときです。そばに誰もいないとブレーキが利かず、いつしか酒量が増えていきます。

ですから、飲むならばなるべく誰かと一緒に飲むこと。できれば、家の外で飲むほうがいいでしょう。

楽しく話しながら飲めば、ストレス解消効果も倍増します。誘う相手がいないときも、お店のマスターと話すなど、**コミュニケーションとセットでたしなむ**のがいいでしょう。

Point

タバコを我慢するとストレスが溜まり、がんのリスクが高まる可能性も。お酒は誰かと一緒に、適量を守って楽しもう。

16 足りない栄養はサプリメントで補う

食欲が落ちてきた。疲れやすくなった。意欲が湧かない……。そんなときは、栄養が足りていないのかもしれない。

⦿サプリメントは老化防止の心強い味方

60歳以降の健康の敵である「足りない害」を補うものとして、有効なのがサプリメントです。

日本の60代では、サプリメントを常用している人は少数派ではないでしょうか。「食事さえしっかり摂っておけばいい」という考えの方も多いようです。

若いころならそれでもいいですが、年齢を重ねると食欲が落ちてきます。**食べる量が減れば、当然、栄養が足りなくなり、バランスも損なわれやすくなります。**ひいては、老化が進みます。そうした栄養の不足やアンバランスをサプリメントで補えば、老化のスピードを緩めることができるのです。

体にいい食べ物を「無理して」食べる傾向のある方にも、サプリメントはおすすめです。

実は嫌いなのに頑張って食べたり、お腹が空いていないのに食べたり、といったストレスは、かえって健康を損ないます。

サプリメントなら、そうしたストレスがありません。手軽ですし、胃にもたれたりすることもありませんし、栄養の吸収も食べ物より効率的です。

⊙自分に合ったサプリメントの探し方

どのサプリメントを飲めばいいかは、本来なら、足りていない栄養素を検査で確かめて判断すべきところです。とはいえ、読者のみなさんがそこまでするのは少々手間がかかるでしょう。ですから、ここでも体の声を聞きましょう。

まず、簡単に仮説を立てます。足りない可能性のある栄養素を推測して、そのサプリメントを買ってみましょう。そして、2週間ほど飲み続けると、効果のあるなしがわかってきます。効果が感じられるなら続ける。変化がなければやめて、ほかのものを探しましょう。地道な方法ですが、これがもっとも確実です。

⦿男性ホルモンが不足していたら補充を

「ホルモン補充」も、ぜひ視野に入れてほしい選択肢です。

中年期以降、男性は男性ホルモンが、女性は女性ホルモンが減少します。

女性の場合、閉経前後、すなわち50歳ごろの数年間に「更年期《こうねんき》障害」という形で、この変化を体験します。更年期障害はつらいですが、終わってしまうと楽なものです。

そして、閉経後の女性の体のなかでは、男性ホルモンが増えます。60代の女性は全般に、男性よりもアクティブで、人付き合いもよく、はつらつとしている方が多いですね。

これは男性ホルモンの増加と関係があると言われています。

男性ホルモンは、さまざまな意味で「活力の源」となります。

性に関することだけでなく、物事全般への意欲、コミュニケーション力、判断力、記憶力、そして筋力にも、男性ホルモンは深く関わります。

つまり、不足すると、意欲が落ち、人付き合いが悪くなり、頭が働かず、筋力も落ちるということ。肥満になりやすくなったり、見た目が老けたりもします。

50〜60代の男性で、そうした変化とともに、うつのような症状が出た場合、うつではなく、男性ホルモン不足で起こる**「男性更年期障害」**の可能性が高いでしょう。

そんなときは、「メンズヘルス外来」などで男性ホルモンの検査を受けてみるといいと思います。保険を使えば1000円程度で受けられる簡易な検査です。

男性ホルモンが不足しているとわかったら、注射による補充療法も受けられます。男性更年期障害の方はもちろん、「元気がなくなってきた」と感じている男性全般におすすめです。もっと手軽に試したいなら、個人輸入になりますが、男性ホルモンの錠剤を飲むのもいいでしょう。

Point

足りていない栄養はサプリメントで補い、老化を遅らせよう。男性の意欲の低下には、男性ホルモンの補充も。

17

日光を浴び、たんぱく質を摂って、老人性うつ病を防ぐ

65歳以上の高齢者のうつ病は「老人性うつ病」と呼ばれる。「うつ」というと心理的な要因による問題だと思われがちだが、特に老人性うつ病の場合は、そうとは限らない。

◉老人性うつ病の一番の原因はセロトニン不足

老人性うつ病の症状はさまざまです。意欲の低下、落ち込み、不安感などのほか、倦怠感やめまいなどの身体症状や、集中力や記憶力の低下などが見られることもあります。**認知症と間違われることもありますが、うつによる記憶障害は一時的なもので、うつが治れば解消します。**

これまでメンタルヘルスに問題がなかった方でも、老人性うつ病になる可能性は十分

にあります。老人性うつ病の原因として、もっとも関係性が強いと言われているのが、セロトニン不足だからです。

セロトニンについては、ここまでも何度か触れてきましたが、神経伝達物質の一つです。睡眠などの基本的な身体機能を整えるほか、認知力や記憶力を上げる働きもします。そして「幸せホルモン」と呼ばれるように、幸福感を増したり、不安やストレスを感じにくくしたりする、心の平和を保つために欠かせない物質でもあります。

このセロトニンが、加齢によって減ってくるのです。

⊙日光と食事でセロトニンが増える

老人性うつ病を予防するには、セロトニンを減らさない、増やす暮らしをすることが、もっとも効果的です。

それにはまず、日光を浴びることが大切です。

朝一番に日光を浴びると、セロトニンの分泌が促されます。**起きたらすぐにカーテンを開け、朝日を浴びる**ことを習慣付けるといいでしょう。**朝の散歩などもおすすめです。**

日中も、明るい間は意識して外の光を浴びるようにしましょう。

二つ目に大事なのは、たんぱく質を摂ることです。

セロトニンの材料は、トリプトファンというアミノ酸です。**肉や牛乳など、たんぱく質の多い食品を摂ると、トリプトファンを摂取できます。**

⦿心に悪い考え方をやめよう

老人性うつ病の原因は、セロトニン不足のほかにもあります。

ストレスも引き金になりますし、急激な環境変化や強い喪失体験など、心にダメージを受けたことでうつになることもあります。

誰の人生にも色々なことが起こりますから、そうした体験自体をなくすことはできません。**大事なのは、そうした出来事や状態をどう受け止めるか、つまり、考え方**です。

心の健康を損なう考え方には、いくつかのパターンがあります。

たとえば、**完璧主義。**60代になれば、体も頭も昔のように自在には動かなくなりますから、完璧主義のままではつらい思いをします。「これだけできれば十分」「60点なら上々」というように、完全でない自分を認めましょう。

「二分割思考」も、うつになりやすい考え方です。すべてを「黒か白か」「敵か味方か」と二つに分ける考え方です。

これは、現実に即した考え方ではありません。物事には必ずグレーの部分があります。どんなにすばらしい人にも欠点があり、どんなに嫌な人にもいいところがあるものです。

過度な一般化にも要注意です。たとえば、高齢者の交通事故のニュースを見て、「自分も事故を起こすのではないか」と思って免許を返納するなど、一例を極端に広げて考える心のクセです。

「みんなにどう思われるだろうか」という、**他人の目を意識した思考**も、不安な気分を高めてしまいます。他人と自分を比較するクセがついていると、いつも何かしらで負けたような気になって、ネガティブな気持ちに陥りやすくなります。

「人は人、自分は自分」という考え方に、180度転換することを心がけましょう。

「こうであるべき」「○○でなければいけない」という思考にも気をつけましょう。

失業がきっかけでうつになる人は、しばしば、「男性たるもの、妻子を養うべき」といった思い込みにとらわれています。また、介護うつになる人も「子どもが親の介護を引き受けなければ」と思い込んでいます。

このような縛《しば》りを自ら設けていると、選択肢が極端に狭まります。「〜ねば」「〜べき」を取り外すと、「あれも、これもできる。こんな方法もある」と視野が広がるでしょう。

これらの、うつになりやすい考え方を変えていけば、老人性うつ病の予防にもなるだけでなく、生きやすくなります。堅苦しい考えを捨てて、のびのびと柔軟な気持ちで、今後の人生を過ごすことができるでしょう。

⦿兆候があればすぐに病院へ

老人性うつ病になったときは、一人で解決しようとしないことが大事です。

うつは病気なのですから、**プロの助けを借りることが不可欠**です。

それらしき自覚症状を感じたら、軽いうちに、すぐに医者のもとを訪ねましょう。

配偶者に兆候を感じたときも同様です。本人は抑うつ状態になっていて動けない可能性もあるので、声をかけて医者のところに連れ出しましょう。


うつには「回復に時間が長くかかる病気」というイメージがありますが、こと老人性うつ病に関しては、一般のうつとは違う面があります。

それは、**「薬が効きやすい」**ということです。

⦿薬で回復する確率が高い

若い時期にうつになった場合、個人差はありますが、薬の効き目があまり出ないことが珍しくありません。心理的要因が大きいからです。

しかし、老人性うつ病の場合は逆です。

心へのアプローチ、たとえば考え方を変えさせていく認知療法のような治療ももちろん効果があるのですが、薬の服用によって、劇的に改善することが多々あるのです。

新潟県松之山町（現・十日町市）は、かつて、日本でもっとも自殺が多い地域でした。1970〜86年の老人の自殺死亡率は、全国平均の約9倍にも上っていました。

そこで新潟県は、1985年度から5年間、県精神衛生センター（現・精神保健福祉センター）や上越保健所などの支援を受け、自殺予防に取り組みました。

新潟大学医学部と連携した保健師が、65歳以上の高齢者を一人ひとり訪ねて回り、うつのリスクがあると思った人は精神科に連れていって治療を受けてもらいました。

すると、なんと自殺者数が8割近くも減ったのです。

このような急激な変化は、やはり服薬の効果が大きかったと思われます。

老人性うつ病はたいていセロトニン不足によって起こるので、本人がつらい状況にあるなどの事情があっても、薬が効くのです。

ですから、深刻にとらえすぎず、「薬で治る」と思っておけばいいでしょう。
病院選びにもさほど悩む必要はありませんが、できれば高齢者の診察に慣れている医者のいるところがいいと思います。

Point

老人性うつ病の予防は、体と心の両面から行おう。なってしまったら、すぐに医者に診てもらうこと。

18 がんになりにくくするにはストレスを減らす

日本人の死因の第1位である「がん」にならないためには、どうすればいいのか？　誰しも気になるところだが、気にしすぎると逆効果になる可能性も。

⊙気付かないまま、がんと同居するのも悪くない

がんにならない方法は、残念ながらありません。「なりにくくする」ことしかできません。

とはいえ、さほど悲観する必要はありません。

すでに述べたように、85歳を過ぎると、誰でも体のどこかにがんができています。しかし、小さいがんで、進行が遅ければ、死ぬまで気付くことはありません。痛んだり体調不良を起こしたりしないからです。症状がないのなら、がんに気付かないまま死ぬのも、いい死に方ではないでしょうか。

⊙タバコも食品添加物も気にしなくていい

「そうは言っても、がんになりたくない」という方も、あまり予防に血眼《ちまなこ》にならないほうがいいでしょう。60代以降は、タバコを吸って発がん性物質を体内に入れるのと、無理に禁煙してストレスを溜めるのとでは、どちらががんになりやすいかわかりません。

前述した通り、食品添加物に含まれる発がん性物質も気にする必要はありません。入っていてもごく微量ですし、運悪く、それでがん細胞ができたとしても、摂取してから発症までに少なくとも10年以上はかかります。年齢を重ねた人ならば、今日摂取したものががんを発症させるよりも、寿命のほうが先に来るかもしれません。

要は、一般的に言われる「がん予防」に、さほど意味はないのです。

⊙NK細胞を元気にするのが一番

それよりも効果的なのは、**免疫機能を上げる**ことです。ミスコピーされた細胞、つまり、がんの予備軍となる細胞を殺してくれる**NK細胞を元気にすればいい**のです。

ＮＫ細胞の活性は、年齢とともに下がります。男性の場合、40～50代で20代の半分に減少し、70～80代になると4分の1まで下がります。

一方、ミスコピーされた細胞は歳を取れば取るほどたくさんつくられますから、少しでもＮＫ細胞の活性を下げないこと、できれば上げることが望まれます。

ＮＫ細胞の活性を確実に下げるとされているのが、ストレスです。

私が、タバコやお酒などの嗜好品《しこうひん》や食事などを「我慢してはいけない」と言う理由は、まさにここにあります。

血圧、血糖値、コレステロール値といった数値を気にして、食べたいものを食べないでいる人が、ストレスでがんを発症させては、泣くに泣けません。

特に**コレステロールは、ＮＫ細胞の重要な材料の一つなので、減らさないほうがいい。**

実際、コレステロール値が正常よりもやや高い人のほうが、免疫力が高く、がんになりにくいことが明らかになっています。

ＮＫ細胞の活性を上げるには、栄養状態をよくしておくとともに、**笑う**ことが有効です。笑いがＮＫ細胞を活性化させることも、複数の実験で判明しています。友達と楽しくおしゃべりする、落語やお笑いの動画を観るなど、笑いを生活のなかで増やしましょう。

Point

ＮＫ細胞を活性化させることが、効果的ながん予防となる。それには、何事も我慢せず、大いに笑うのが一番。

19

がんになっても、受けたくない手術は受けない

もし、がんが見つかって、医者から切除する手術をすすめられたら、それに従うべきだろうか？　ＱＯＬが高い人生を送るためには？

⦿患者と医者が話し合って決めるのが理想

先日、医師の鎌田實先生と対談する機会があり、非常に考えさせられる話を聞きました。

鎌田先生は、２０１４年に膀胱《ぼうこう》がんで亡くなられた菅原文太さんを診ておられたのですが、その際、菅原さんの「膀胱全摘をしたくない」という意志を受け容《い》れられたのだそうです。

「全摘すると尿を溜めるパックをぶら下げて歩かないといけない。男の美学としてそれはしたくない」という希望だったということです。そこで、放射線治療と化学療法だけ

を行いました。

ほとんどの医者は、「全摘すれば助かりますから」と説得するでしょう。それをしなかった鎌田先生の患者を思う気持ちを感じました。

鎌田先生と菅原さんのような関係が、医者と患者の本来あるべき姿だと思います。**医者が「この治療法でいこう」「この手術をしよう」と押し付けるべきではない**のです。たとえ患者の希望が、死ぬ確率の高いものであったとしても、です。

医者が選択肢を説明し、患者はそのなかから（ときには、それ以外の選択肢から）意志を示し、とことん話し合って決めていくのが理想です。

◉「受けたい治療しか受けない」という姿勢を示そう

これを患者側の視点で言うと、**「受けたい治療しか受けない」「受けたくない治療は断る」**ということです。

これを実践できている患者さんは少ないでしょう。「自分の言う通りにしろ」と言わんばかりの態度を取る医者の前で、言いたいことを飲み込んでいる方がほとんどだと思います。

しかし、それが、つらいがん治療と、その後のＱＯＬの低下につながりやすいのです。

たとえば胃がんの手術では、がんだけでなく、その周辺も含めて取り除くのが普通です。胃の3分の2を切除されることもあります。転移の可能性があるからです。

そうなると、少し食べただけで満腹になってしまい、体力が大幅に落ちます。

「そんな生活は嫌だ」と思った方は、がんになって手術をするとなったときには、「がんだけを取ってほしい」と主張しましょう。「転移しますよ」と言われても、患者の意志を尊重してもらいましょう。

「手術は受けたくない」「化学療法はつらいから嫌」などに関しても同様です。

⦿ＱＯＬを下げないためのがん手術もある

がんの手術は、ＱＯＬが下がるものばかりではありません。ＱＯＬを保つためのがん手術もあります。

たとえば進行した食道がんでは、がんが大きくなって、食べ物が食道を通過することができなくなることがあります。そこまで来ると転移も起こっていて、余命を伸ばすことはほとんど不可能な状態です。しかしそうした状況でも、食道のがんを切除して、口からものを食べる喜びを確保する手術があります。

がんが神経に当たって痛い場合も、治療のためではなく、痛みを取るために、神経に触れている一部のみを切除する手術もあります。

これらは、たとえ長く生きられないにしても、生きている間は少しでも楽に過ごしたいという、患者の思いに応える手術です。

Point

がんの手術は、治療後の生活の質を下げることもある。「受けたい治療しか受けない」という意志を、もっと伝えていい。

20 認知症になることを恐れない

長寿社会において、多くの人が認知症の不安を抱えている。認知症にならない方法はあるのだろうか？　なってしまったら、「もうおしまい」なのだろうか？

⦿年齢とともに、必ず脳は衰える

認知症はもっとも誤解されやすい病気だと、私は常々感じています。

そもそも、正確には「病気」だとさえ言えません。**誰にでも起こる、老化現象の一つ**です。70代後半になると、10％程度の人が認知症になり、その後、その比率はどんどん増えます。85歳を過ぎると、脳にアルツハイマー型認知症の変化が生じていない人は一人もいなくなります。

ところが興味深いことに、それが**症状として早々に出る人もいれば、ほとんど出ない人もいます。進行のスピードにも、大きな個人差があります。**

では、その差はどこからくるのでしょうか？

認知症の方を多数診察してきた私から見ると、最大のポイントは、やはり**「頭を使っているかどうか」**です。脳の変化が同程度でも、頭を使っている人のほうが、発症も進行も遅いのです。

◉日常生活に「未知」を増やそう

頭を使うと言っても、「脳トレ」の類はほとんど効果がありません。言語能力をつかさどる側頭葉や、計算能力をつかさどる頭頂葉に刺激を加えることはできますが、それらの能力は、認知症とはさほど関係がないのです。

それよりも、**前頭葉に刺激を与えることが大切**です。

前頭葉がつかさどるのは、意欲と感情のコントロールです。

40代ごろから、誰でも前頭葉は画像診断でわかるくらい縮み始めます。しかし、前頭葉に刺激を与える生活を送っていると、老化は目に見えて遅くなります。

前頭葉を鍛えるコツは、**「昨日と違う今日」を経験する**ことです。想定外のことや未知の領域に足を踏み入れ、新たな刺激を得ることです。

ですから、まずは**ルーティンを壊す**ことから始めましょう。毎日同じものばかり食べ、同じ道を歩き……ではなく、いつもと違う店に行き、知らないメニューを頼みましょう。散歩も、毎回コースを変えてみましょう。

人との会話も、前頭葉に刺激を与えます。第1章で述べたような、気の合う人との快適な人間関係は、とてもいい刺激になります。特に異世代との交流や、現役時代に違った分野で働いていた人との会話は、未知の領域を体験する格好の機会です。

会話が苦手な方なら、**声を出すだけでも効果があります。**認知症の患者さんたちのなかで、目立って進行の遅かったある方は、詩吟《しぎん》を趣味にしていました。コーラスやカラオケなど、自分に合った方法で、楽しく声を出してみるのは、とてもおすすめです。

⦿認知症が進むと、幸福感が増える

認知症は、進行の遅い病気です。「発症したらおしまいだ」と誤解している方が多いですが、**発症から5年間ほどは、物忘れがあっても知能はさほど衰えず、ほぼ普通に生活できます。**ですから、**認知症になったからといって、できていたことをやめるのは禁物**です。

要は、**ことさらに悲観する必要はない**のです。たしかに、できることは少しずつ減っていくかもしれません。しかし、それを悲しむより、**今できることをし、残りの日々をどう楽しむか考える**ほうが幸せです。

「それでも、いずれ何もわからなくなるのだろう」「そうなったら、やっぱりおしまいだ」

そう思われるでしょうか？

そこに、認知症に対する最大の誤解があります。

認知症は、進行すればするほど、本人の心は和やかになります。嫌な記憶もなくなり、ニコニコと毎日を過ごせるようになります。老人施設でレクリエーションを楽しんだり、職員と話したりしている重度認知症の方々の表情は、いたって幸せそうです。

ですから、必要以上に恐れないこと。すべての人に訪れる老化現象として、受け容れていけばいいのです。

Point

脳は必ず衰える。認知症をことさらに恐れる必要はない。進んだ認知症は、むしろ本人の幸福感を増やす。

21 アンチエイジングにはホルモン補充やボトックスも有効

いつまでも若くいたいという願望は、世界共通のもの。しかし日本人のアンチエイジングには、まだ「伸びしろ」があるようだ。今よりさらに若々しくなるための秘策とは？

⦿体型を気にするより、頭と体に栄養を

今の60代は、昔の60代に比べればはるかに若々しく、魅力的です。アンチエイジングに関心を持ち、さまざまな美容法や若返り法を実践している方も多いと思います。

一方で、少々誤解している方もいます。たとえば、「痩せればきれいになって、若く見える」という考え方です。

前にも述べたように、**60歳以降で痩せていると、かえって老け込んだ印象になります。**

食べたいものを食べて脳と体に栄養を与えるのが本当のアンチエイジングだと心得まし

ょう。

脳と言いましたが、アンチエイジングにおいては「頭の若さ」がとても重要です。前項でお話ししたように**「初めての体験」を日常生活のなかに増やして、前頭葉を元気にしましょう。**

決まりきった日常を壊すと、ものの考え方も柔軟になります。結果として、見た目もさらに若返る、といういいサイクルが生まれます。

◉ホルモン補充やボトックスは「反則」ではない

先に「男性ホルモンの補充」について触れましたが、これに抵抗を感じる方が、日本ではまだまだ多いようです。

ホルモン補充は、欧米では誰もが活用しているアンチエイジング法ですが、日本ではなかなか普及しません。

ヒアルロン酸注入やボトックス注射となると、ますます抵抗感が強まるようです。１回３万～４万円、数か月に１回受けるだけで、格段に肌が若返り、シワも伸びるのですが、「反則」のように感じるのか、利用する人は少数派です。

いつまでも若い見た目でいたいなら、この場面でこそ「初めての体験」をしてみてはいかがでしょうか。

見た目を意識することそのものも、アンチエイジングになります。服のコーディネートに気を配ったり、丁寧《ていねい》にメイクをしたりと、**高齢でもオシャレを怠らない人は、衰えも遅い**傾向があります。有料老人ホームにはよく、出張の美容師にカットやカラーリングをしてもらうサービスが設けられています。職員さんによると、そうしたサービスを利用する人ほど認知症が軽く、進行も遅いそうです。

◉規則正しい食事が老化を防止する

「何を食べれば老けないか」という質問もよく受けますが、すでにお話しした通り「**食べたいものを食べる**」**のがベスト。**より重要なのは、タイミングです。

ここで参考になるのが、私が私淑《ししゅく》しているアンチエイジング界の国際的な第一人者であるクロード・ショーシャ博士の「**タイムリー・ニュートリション**」という理論です。

人体の各臓器には活動している時間と休んでいる時間があり、それに合わせて食事を摂ると内臓の負担が最小限になり、その結果、細胞の炎症が減って、老化を抑えられる、という考え方です。それに基いた食事の仕方を、ごく簡単に紹介しましょう。

・朝食↓7〜9時　肝臓が活発に動いているのでタンパク質を中心に
・昼食↓12〜14時　肝臓はまだ活動中。タンパク質＋野菜、炭水化物で代謝を促す
・間食↓16〜17時　膵臓《すいぞう》が動き出すのでインスリンが出やすい。糖質を摂ってOK
・夕食↓19〜21時　肝臓も膵臓も休止期なので肉も糖質も控えめに。腎臓が動き始めるので、水分を摂って老廃物の代謝を促す

細かい内容を言えばきりがありませんが、もっとも大事なのは「○〜○時」の時間を守ること。**リズムを無視すると臓器が疲れ、細胞が酸化します。**規則正しい食事が、アンチエイジングの基本です。

Point

「若く、美しくありたい」という気持ちそのものがアンチエイジングになる。ホルモン補充やボトックスなども、柔軟に検討しよう。

22

いい病院は待合室がにぎやか

病気になったときには、いい病院で、いい医者に診てもらいたいもの。とかく画一的な治療をしがちな日本で、後悔しない選択をするコツはあるだろうか？

⦿大学病院は避けたほうがいい

「大学病院で診てもらえば安心」と考える方は多くいます。しかも、東大病院など、「いい大学」の病院ならば医者も優秀で、最先端の治療が受けられる、というイメージがあるようです。

しかし、**高齢者にとって、大学病院は治療には向いていません。**

高齢者はたいてい、体の1か所だけが悪いのではなく、あちこちにトラブルがあり、そのトラブル同士にも関連性があったりするものです。

ところが、大学病院は専門分化が進んでいるため、一つの科で一つの臓器しか診てくれません。同じ病院のなかをあちこち回らなくてはならず、非常に面倒です。

また、科同士の連携も少ないため、トータルな視点を持った診療が受けられないのも難点です。それぞれの医師が自分の診られる範囲だけを診て、検査数値をもとに薬を出すという対応をするので、必然的に薬も増えます。


大事なのは病院の「格」ではなく、自分の望む治療が受けられるかどうかです。頭ごなしに「この薬を飲んでおけばいい」「量を減らしたら大変なことになりますよ」と決め付けるようなら、いい医者には程遠いと言えます。

「とにかく長く生きさせればいい」と考えているだけの医者ならば、患者が希望を伝えても、認めてはくれないでしょう。しかし、個々人の価値観を大事にしてくれるならば、真摯《しんし》に耳を傾けてくれるはずです。

⊙待合室の高齢者が元気なら、いい病院

どんな病院かを事前に知るなら、やはり**口コミが一番**です。近所の同年代の人たちの評判はどうか、こまめに情報収集しましょう。そのほか、地域の介護サービスを受けて

いる人なら、ケアマネージャーにも話を聞くといいでしょう。地元の医療サービスに精通していて、面倒見のよさなど、さまざまな情報を持っています。

なお、このときも、医者の経歴などよりも「話を聞いてくれるか」「説明がわかりやすいか」が大事なチェックポイントとなります。

実際に行ってみたときのチェックポイントもあります。

待合室にいる患者さん、特に高齢の患者さんが元気な病院は、いい病院です。

待合室で、常連のお年寄りたちが「あの人最近見ないね。どっか悪いのかね？」と言い合う姿が、よく笑い話として語られますね。しかしそれは、病院をよく知らない人の言いぐさです。

たしかに、若い人なら、病院に行くのは発熱など急な不調に見舞われたときでしょう。しかし、高齢者の場合は慢性の病気の治療です。薬をもらいに来るだけのこともあります。その病院で治療を受けて、元気になっているから、常連同士でおしゃべりに花を咲かせることができるのです。そして、風邪などを引くと病院に来ないで、家族が薬を取りに来ることは珍しくありません。

逆に、常連さんたちがヨボヨボとしおれた人たちばかりなら、薬を飲まされすぎていると考えられます。

加えて、その方々にとって「会うのが楽しみな先生」ではない、という証拠でもあります。

きちんと話を聞いてくれて、安心させてくれて、気持ちが晴れやかになるような医者なら、待合室にいる段階から患者さんが明るい表情になるはずです。

この点は、医者が高齢者の診察に慣れているか、高齢者の気持ちがわかる人かを見分けるポイントにもなるでしょう。

Point

自分が望む治療が受けられる病院を選ぼう。口コミの情報を集めて、待合室の高齢者が元気かを確認。

23

「どんな死に方をしたいか」を考えておく

人間、誰しもいつかは死ぬ。それを「怖い。考えたくない」と思う人は多い。しかし「どう死ぬか」を考えることで、「今」を楽しむことができる。

⦿死ぬことを恐れすぎていないか

「みんな、こんなにも死ぬのが怖いのか」

そう痛感したのが、2020年、コロナ禍で緊急事態宣言が出たときです。

市民は「不要不急の外出を控えよ」と言われ、店は営業を制限されました。ほとんどの方がそれを受け容れ、街は静まり返りました。移動、外出、会話といった、いわば「基本的人権」をみんながやすやすとあきらめることに、意外の念を抱いたものです。

実のところ、新型コロナで死ぬ確率はさほど高いものではありません。この3年間のデータでは、新型コロナの致死率は、高齢者を合わせても、わずか0・5%です。

人間は、いつか、絶対に死にます。歳を取るとは、一日一日、死に近付くということです。

そして医療は、その日を遅らせることはできても、回避することはできません。

ただ怖がるのではなく、その現実を受け容れることが大事です。

それが、「どう死にたいか」を考えるための第一歩です。

◉「延命治療など先のこと」ではない

どんな死に方を理想とするかは、一人ひとりの価値観によって変わってきますが、「これが自分の理想だ」と思っている死に方は、意外にあやふやなイメージで語られていることがあります。

先述した「ピンピンコロリで死にたい」もそうです。いい死に方のように思われがちですが、家族や親しい人とお別れも言えずに突然死を迎えるのは、心残りなものです。

逆に、かかっても突然死ぬわけではない病気、たとえばがんなら、残りの時間をどう過ごすか、きちんと考えられます。

がんそのものは、できた場所が悪くなければ苦しい病気ではなく、むしろ治療によって苦しい、という話は、すでに述べた通りです。**苦しい思いをしてでも治療に励むか、がんと共存して残りの人生を楽しむか、今のうちに考えておきましょう。その希望を聞いてくれる病院はどこかを調べておくことも大事です。**

どの病気で死ぬにせよ、**延命治療についても考えておきましょう。**回復の見込みがなくなったあとも気管内挿管《そうかん》や胃瘻《いろう》などの処置を望むか否か決めて、家族に明確に知らせておくことが大切です。

延命治療について考えたことのある方は、おそらく少ないでしょう。それには理由があります。日本の医療は、とにかく「死なせない」ことを重要視しているからです。

患者側も、中高年のころから薬を飲まされ続けるなど、「死ぬ日を延ばす医療」に慣らされています。最後の最後だけ「延命治療を望みますか?」と聞かれても、そう簡単に頭が切り替わりません。ですから、今のうちに考えておくことが大切なのです。

◉いつか死ぬからこそ、今を楽しもう!

死ぬのを怖がる方には、「死ぬ瞬間が怖い」という思いもあるでしょう。しかし、死ぬ瞬間は痛くも苦しくもありません。**いまわの際になれば意識がなくなり、眠りに落ちるように死んでいくだけ**です。

ですから、ことさらに恐れず、「自分はいつか死ぬ」ことを受け容れましょう。**死をきちんと意識すると、生き方が変わります。**今60歳なら、長くても向こう数十年しか時間がないとわかります。すると、「生きている時間を無駄にしたくない」という思いが自然と出てきます。

年齢が進むほど、今を楽しむことのほうが重要になります。行きたい場所があれば、「いずれ」ではなく「今」行きましょう。やりたいこと、食べたいもの、すべてそうです。死ぬまでに人生を味わいつくすつもりで、今日を生きましょう。

Point

「いつか死ぬ」ことを受け容れて、限りある生を楽しもう。

第3章

お金は「自分が何に使いたいか」しか考えない

01

老後に毎月使える金額の上限を計算しておく

「老後2000万円問題」をはじめ、老後のお金が足りなくなる不安をあおる情報は多い。しかし、不安がっているだけではいけない。まずは、家計の状況を把握しよう。

⦿きちんと知れば、不安は解消できる

「老後のお金が心配」という方は、非常に多くいます。
なぜ、不安になるのでしょうか？
それは、**自分の老後の状況が、本当は今一つわかっていないから**です。

これから、どれくらいお金が必要になるか。
いつから、どれくらい、どんなお金が入ってくるか。

老後の収入と支出を調べてみたことがありますか？　もし調べていたら、少なくとも厚生年金をもらえる方なら、不安になったりはしないはずです。

支出については、住宅ローンの返済も教育費の支払いも、おそらくは一段落しているでしょう。さほど大きな出費はないはずです。月々に出ていくお金は確実に少なくなります。

収入については、会社勤めをしていた方なら、厚生年金に加えて、退職金、もしくは企業年金も出ます。

◉「老後2000万円問題」を恐れる必要はない

ここで思い出されるのが、2019年に世間を騒がせた、「老後2000万円問題」です。「年金だけでは、老後の生活資金が2000万円不足する」という話を聞いて、すっかり心配になっている方もいるでしょう。

しかし、その内容をよく見ると、心配する必要はないことがわかります。

騒動の発端《ほったん》となった金融庁の報告書では、「夫65歳以上・妻60歳以上の夫婦のみの無職世帯が、30年間暮らした場合」の試算がなされています。

年金などの月々の収入が、二人でおよそ21万円。対して、支出は月々26万円強。なので、月々約5万5000円の赤字。これが1年続くと66万円の赤字。30年で約2000万円の赤字になる、という計算です。

つまり、**2000万円という数字は収支だけを見た赤字の額で、貯蓄については考慮されていない**のです。実は、この金融庁の報告書には、平均純貯蓄額は2484万円と書かれているので、2000万円の赤字は貯蓄で補塡《ほてん》できる計算になります。

しかも、これは**日本国民全体の平均の数字**で計算した結果です。まとまった金額の退職金がもらえたり、それなりの金額の企業年金がもらえたりする会社に勤めている方は、収入がもっと多くなります。

支出についても、65歳と60歳の夫婦が、95歳と90歳になるまで、毎月26万円強を使い続けるでしょうか？ 70代くらいまでなら、まだまだ趣味や旅行でお金を使うこともあるでしょうが、**85歳を過ぎると、さすがに出費は減ってきます。**

⦿月々に使う金額の上限を決めておけば安心

貯蓄額や老後に得られる収入は、人それぞれ。ですから、メディアが流す数字ではなく、**自分はどうなのかを計算しておきましょう。**

老後の収入は、いつ、どれだけ入ってくるかが見えやすい。年金や退職金など、入ってくるお金を計算しておきましょう。そして、最低限の貯蓄だけは別に取っておいて（最低限の目安については、のちほどお話しします）、「年間いくらまで使えるか」「月々で割ればいくらか」を計算します。

すると、「やっぱり生活していけない」とわかることもあるかもしれません。その場合は、第1章で述べたように、条件のいい働き口で収入を得ていくことを考えましょう。あるいは、**住んでいる家も含めて、資産を売却することも選択肢に入ってくる**でしょう。

Point

年齢とともに出費は少なくなるので、年金と退職金で十分にやっていける。万一危なければ、仕事をするか、家を売るという手も。

02

収入が足りていても、定年後も働くという選択肢も

定年後は働きたくない。でも、お金のことを考えると、働いたほうがいいのだろうか？　世の中的にも、定年後も働き続けるのがよしとされる風潮だし……。

◉「定年後は働きたくない」という人の選択肢

「やっと定年だ。もう働きたくない」と思っている人は、昨今の世の中の「定年後も働き続けるほうがいい」という空気に、居心地の悪い思いを抱いているでしょう。

この空気が醸成されている理由は、大きく分けて二つあると思います。

一つは、「老後2000万円問題」など、老後のお金の不安に駆られている人が「働かなければ」と思っているということ。これは、前項で述べたように、杞憂《きゆう》であるケースがほとんどです。

もう一つは、団塊世代がリタイアしたことによる労働人口の減少が社会問題になって

いることです。

では、働きたくない人が取るべき選択はというと、次の三つのパターンがあります。

一つ目は、計算してみた結果、お金が足りないことがわかったケース。これは、好むと好まざるとにかかわらず、働いたほうがいいでしょう。

二つ目は、お金の足りている人が、働かないで気ままに過ごすという選択。これは個人の自由ですから、世の中の空気がどうあろうと、構うことはありません。

三つ目は、お金の足りている人が、「働く」のイメージを切り替えて、好きな働き方を始めるパターンです。

◉定年後の働き方は定年前と大きく違う

「お金があるなら、別に働かなくても」という思いをいったん脇に置いて、発想を広げてみましょう。

第1章でお話しした通り、定年後の働き口は無数にありますが、基本的に賃金は低く、ホワイトカラーとは違うものになります。これを惨《みじ》めなことのように思う方もいますが、

「これまでにない体験」というとらえ方もできます。**スーツを着て働いていたころとはまるで違う世界を楽しめば、前頭葉を大いに活性化できます。**

また、**定年後の仕事は、定年前と違って、気軽に辞められます。**「家族に反対される」「お客さんが困る」「これまで築いた人脈が消える」などの心配は一切無用。「つまらないから別のところに行く」、で済みます。習い事の体験入学のような感覚で、面白い働き口を探して回ればいいのです。これまた、「これまでにない体験」が増えそうです。

若いころの趣味と関連することをするのも、立派な「仕事」です。

たとえば、高校時代や大学時代に映画サークルに入っていた方なら、映画の撮影現場を手伝ってみるのはどうでしょうか。人手不足に悩んでいる業界ですから、きっと喜ばれます。

「かねてからの夢をかなえる」という働き方もあります。ある程度の資金があって、まったく儲からなくてもいいのなら、自宅を改装して喫茶店を開く、というのも楽しそうです。

このように大きくとらえてみると、働くことは、定年前のような、義務と束縛《そくばく》に満ちたものではないことがわかるでしょう。

⦿長野県の老人医療費が低い理由

「仕事が好きでないなら、働かなくてもいい」という2番目の選択だけでなく、3番目の選択を提示したのには理由があります。

働くことは、頭と体の老化予防になるからです。

高齢者の有業率が日本一の長野県は、男性の平均寿命が全国2位で、一人あたりの老人医療費は日本最低レベルです。仕事をし続けることで、頭も体も動かし続け、その結果、若さを保てているのでしょう。

Point

「仕事が好きではない」のは、現役時代の経験による思い込みかもしれない。

03

医療費は心配しなくていい

老後の支出を計算するとき、「医療費にいくらかかるだろうか？」は頭の悩ませどころ。人によってバラバラで、予測するのは難しいが……。

⦿75歳以上になれば医療費は1割負担。生活保護を受ければ無料

最初に結論を言うと、医療費に備える必要はありません。**日本では、医療にかかるお金を、国が大幅に負担してくれます。**75歳以上になれば1割負担で済みますし（所得が現役並みだと3割負担）、高額療養費制度を使えば、自己負担限度額を超える分が戻ってきます。

持ち家の場合は、**いざとなったら自宅を売る**というのも一つの選択ですが、さらに言うと、持ち家でも場合によっては生活保護が受けられます。

「生活保護は少しでも収入や資産があればもらえない」という誤解がよくありますが、住宅などの資産があっても、細かな規定はあるものの、条件を満たせば受給できます。また、年金などの収入があっても、その額が「基準額」よりも低ければ、差額を生活保護としてもらうことができます。基準額とは、厚生労働省が定める最低生活費のことです。つまり、**「資産も収入もゼロの人」だけではなく、最低限の生活が営《いとな》めないと判断されれば、生活保護を受けられるのです。**

生活保護を受けると、さまざまな福祉サービスが利用できるようにもなります。そのうちの一つが、**保険適用の医療費がタダになる**ことです。

◉生活保護は納税者の当然の権利

これまたよくある誤解が、「生活保護は、親族がいる場合はもらえない」というものです。

これを親族の側から言うと、「親族が困窮《こんきゅう》していたら援助しなくてはならない」ということになりますが、これは義務ではなく、断ることもできます。

10年ほど前に、あるお笑い芸人が、自分は高収入であるにもかかわらず親に生活保護を受けさせていたことがわかり、猛烈なバッシングを受けました。しかし、彼のしたことは、決して違法行為ではありません。

彼は、当時、テレビなどで大いに活躍していましたから、年収が高く、所得税は最高税率だったのではないでしょうか。毎年数千万円を納税していたかもしれません。親が受給していた生活保護の金額よりもずっと大きな金額を納めていたわけですから、そこまで非難されるのは理不尽ではないかと思います。

しかも、その非難の嵐は、思わぬ形で別の被害者も出しています。

あの一件以降、ほかにも似た例が次々に取り上げられ、ある年収650万円の公務員の方が、やはり親に生活保護を受けさせていたことで非難されました。しかし、年収650万円で、おそらくは子どももいて、親まで養うのは困難なケースもあるでしょう。

国民はあのとき、マスコミと一緒になってバッシングに夢中になっていましたが、「親族にお金があるなら生活保護をもらうな」という「正論」で他人を叩いていると、いつしか自分の首を絞めることになるかもしれません。

この騒動の根底には、生活保護を利用することを「悪いこと」とする価値観があるように思います。しかし、**生活保護の受給は決して恥でも悪でもありません。**国に迷惑をかけているわけでもありません。

これまで長い年月払ってきた税金を計算してみたらわかるはずです。

生活保護は、国にここまで「貢《みつ》いで」きた納税者の、当然の権利です。

Point

医療費は、75歳からは、収入が少なければ1割負担で済む。それでも厳しい場合は、生活保護を受給すれば無料になる。

04

介護費や老人ホームのお金も心配は無用

介護費や老人ホームへの入居費も、いくらかかるか見えにくい支出だ。これについては、どのように考えればいいのだろうか？

◉介護保険を使えば、お金はほとんどかからない

「介護が必要になったとき、お金が足りるだろうか」

そう心配する方もいますが、ここでも「不安なのに情報を集めない」という、日本人の悪いクセが出ています。そろそろ高齢期に差し掛かろうという時期になっても、介護保険のシステムを理解していない方が非常に多いのです。

介護保険は、40歳から保険料を支払い、65歳以降、支援や介護が必要となったときにサービスを受けられる制度です。

介護保険を受けるには、申請が必要です。

65歳になると市区町村から交付される「介護保険被保険者証」を役所に持っていき、申請をすると、担当職員が「認定調査」のために訪ねてきます。聞き取りを通して健康状態や生活状態、認知症の有無などを確認し、かかりつけ医からの「意見書」とあわせて検討したうえで、「要支援1〜2」「要介護1〜5」の計7等級のどれかに当てはまれば、それに応じて、どんなサービスが受けられるかが決まります。

デイサービスやショートステイを利用できたり、ヘルパーさんに来てもらえたり、介護ベッドなどの福祉器具をレンタルできたりするほか、自宅のバリアフリー改修の補助金も出してもらえます。

月に利用できるサービスの限度額は、もっとも軽い要支援1で約5万円、もっとも重い要介護5で約36万円。自己負担額は、所得に応じて1〜3割です。

ここまで手厚い制度があれば、**介護費用の不安は杞憂**であることがわかるでしょう。

⦿施設の費用は、特養なら年金でまかなえる

老人ホームにはさまざまな種類があり、入居条件や費用もさまざまです。主だったも

のを挙げると、「特別養護老人ホーム（特養）」、「グループホーム」、「サービス付き高齢者向け住宅（サ高住）」、「介護付き有料老人ホーム」などがあります。

もっとも経済的な負担が少ないのは、介護保険が適用される公的施設である特養です。施設の費用は、入居時の「一時金」と、その後の「月額利用料」が必要となるシステムが多いですが、特養なら一時金は不要。月々の費用も年金で十分まかなえる金額です。生活保護を受給している人も入れます。

ただし、**要介護3以上でなければ入れません。**もともとは等級を問わず入れたのですが、施設の数が少なすぎたため、変更されました。それでもなお全国で約27万人が入居待ちをしていて、都会では2～3年程度待たなくてはなりません。

とはいえ地方に行けば、すぐに入れるところもあります。**地方に実家のある方は、帰省時にあらかじめ探しておく**のもいいでしょう。

介護付き有料老人ホームも、高所得者向けの高級な施設は別ですが、比較的リーズナブルな施設が増えています。特養の不足を補う形で民間が次々に参入し、価格競争が進んだからです。また、介護保険が利用できるので、介護費用も大幅に安くなっています。

入居一時金が必要となることが多く、月額利用料も厚生年金を超えることがありますが、**家を売ってお金にすれば、十分に入れます。**

なぜか日本には「家は子どものために残しておいてやりたい」と思う方が多いのですが、そのような気遣いをしなくとも、子どもはいずれ、自分の家を購入します。

子どもが「もっと安いところでいいのに」などと言っても耳を貸すのは禁物です。**「終《つい》の棲家《すみか》」なのですから、自分の好きに選びましょう。**

Point

介護保険を申請すれば、廉価でさまざまなサービスが受けられる。家を売れば有料老人ホームにも手が届く。

05

お金は、貯めることではなく、使うことで価値が出る

お金の不安があると、人は節約と貯蓄に精を出すもの。収入の減る高齢期は、それに拍車がかかりがちだが、それは別の意味で「もったいない」ことかもしれない。

⦿お金は、使わないほうがもったいない

日本人は昔から、好きなことにお金を使うことを、悪いことのように思う傾向があるようです。きちんと節約して、蓄えに回すことを美徳とする考え方です。

若いころならば、それも必要でしょう。自分自身が生活していく資金や、子どもを養っていく資金に備えていかなくてはならないからです。

しかし、60歳を過ぎれば、もうその責任を負う必要はありません。にもかかわらず、高齢者の財布の紐は、必要以上に固いようです。

2023年9月に日銀が発表した「資金循環統計」によると、同年6月末時点での個

人金融資産は約2115兆円と、過去最高を記録したそうです。日本人の個人金融資産は年々増えていますが、うち6割を、60歳以上の高齢者が持っていると言われます。

お金は、本当に貯め込むばかりでいいのでしょうか？

60歳を過ぎたら、お金に対する考え方を変えてほしいと思います。

お金は、持っているより、使うことに価値があります。**頭も体もしっかりしているうちに使わないと、人生を楽しめません。**

人生の残り時間は、おそらく向こう数十年。頭と体がしっかりしている時間は何年あるかわかりませんが、限りある時間であることは確かです。その時間を楽しんで、味わって過ごさないほうが、はるかに「もったいない」のではないでしょうか。

⦿貯蓄は1500万円程度あれば十分

高齢者の医療に携《たずさ》わっているとわかることですが、頭と体が動かなくなってからは、使うお金が減ります。寝たきりや認知症になれば移動が難しくなりますから、外に出てお金を使う機会が少なくなるのです。

ですから、**体が動くうちにお金を使って、少々資産が減っても問題ありません。**

とはいえ、一文無《いちもんな》しではさすがに心配でしょう。では、最低限、どれくらい貯めておけばいいのでしょうか。ジャーナリストの荻原博子さんと対談した際に、おっしゃっていた目安を紹介しましょう。

介護を受けている人にかかった費用の総計は、平均約600万円だそうです。とすると、夫婦二人で1200万円あれば大丈夫です。医療費は、高額療養費制度などがあるので、200万円で十分。そこへ、お墓代に100万円を足せば、合計1500万円。だいたいこれくらいの貯蓄があれば、あとは全部使っていいとのことでした。

⦿お金持ちより幸せなのは「思い出持ち」

お金を使うとは、「思い出をつくる」ことでもあります。

人生がいよいよ終わりに近づいている方と接していると、しばしば、こんな切実な声を聞きます。

「死ぬまでに、楽しい思い出をもっと残しておけばよかった」

世を去られたあとに、ご遺族から「『ケチケチせずに使えばよかった』と悔やんでいました」と聞くこともあります。

体が動かなくなったあと、ベッドに横たわりながら強い後悔に駆られる。これはあまり知られていない、老いの現実の一つです。「元気なうちに、やりたいことをやっておけばよかった」という思いは、私たちが想像する以上に痛切なものでしょう。

逆に言うと、**やりたいことをやっておくと、体のままならなくなった時期の、心の支えができます。**「あのとき、楽しかったな」という数々の思い出です。患者さんも、幸せに旅立っていかれる人は総じて、亡くなられる直前まで、素敵な思い出の話を楽しげに語られます。**死ぬ前の最大の財産は、お金ではなく、思い出**なのです。

今のうちから「思い出貯蓄」を始めましょう。それが、60代からの幸福な生き方です。

Point

したいことに存分にお金を使えば、人生の最後に幸福な思い出が残る。

06

「やりたいことリスト」をつくる

お金の使い道となる「したいこと」は、人によって千差万別。そもそも「何がしたいかわからない」こともある。心にしまいこんでいた、自分の関心事を掘り起こそう。

⦿自分専用の「やりたいことリスト」を

60歳から死ぬまでの期間を、「消化試合」のようにとらえるのは間違いです。さまざまな責任を果たし終え、ここからはもう、どう生きるも自由。**お金も、自分の好きなこと、したいことに使いましょう。**

私の好きな映画に、『最高の人生の見つけ方』という作品があります。ジャック・ニコルソンとモーガン・フリーマン扮《ふん》する、余命宣告を受けた二人の老人が、死ぬまでにしたいことを一つひとつ実践していくお話です。

同作品の原題は*The Bucket List*。「死ぬまでにやりたいことリスト」です。

みなさんも、「やりたいことリスト」を書いてみてはいかがでしょうか。

お金の使い方に「正解」はありません。みなさんの「したいこと」は百人百様、それぞれ違うからです。

行きたいところ、食べたいもの、会いに行きたい人、経験したことのない趣味、買ってみたい車、着てみたい服、試してみたい美容法、興味のある分野の勉強……。何でもいいので、関心事を書き出していきましょう。

すると、おのずから、自分専用の、最適な使い道がわかってきます。

あとは、それを実践するだけです。

◉補聴器などの高齢者グッズは積極的に買う

その一方、加齢によって、体のあちこちに不具合が出てくることもまた事実です。外を歩くと膝が痛くなったり、耳が遠くなってきて友達の声が聞こえづらかったり、といったことも出てくるでしょう。

ここで「弱ってきたから、出歩かないようにしよう」と思うのは禁物です。そのときこそ、有効なお金の使いどきです。

不具合が出てきた部分を補うグッズを買いましょう。目が悪くなれば老眼鏡、歩きづらければステッキ、聞こえが悪くなれば補聴器、などなど。

補聴器はとりわけ大事です。**聴力の維持は、認知症予防になる**からです。

耳が遠くなると、入ってくる情報量が必然的に少なくなります。人との会話も減り、生活も内向きになり、うつになったり、認知症が進んだりすることがあるのです。人の話を聞き取ろうとしてずっと頑張っていることが脳にアンバランスな負担をかけ、認知機能が落ちていくという説もあります。補聴器があれば、そのリスクを回避できます。

今の補聴器はサイズも小さく、性能も非常によくなっています。値段は片耳3万〜50万円、両耳で6万〜100万円くらい。それだけのお金をかける価値は十分にあります。

紙おむつも心強い味方です。尿漏れが気になって外に出るのが億劫《おっくう》な方は大いに利用しましょう。最近の紙パンツは薄くなっているうえに性能もよく、履《は》き心地がよくなっています。

⊙「年甲斐もないこと」を楽しもう

お話ししてきた通り、新しい経験は前頭葉を活性化させる、最強の老化防止法です。

「ワクワク」にお金を使うのは、とても有意義です。

これまでの自分とはかけ離れたこと、やりたかったけれど二の足を踏んでいたこと、憧れていたけれどできなかったことをやってみましょう。

前述の「最低限の貯蓄」に手を付けない範囲なら、公営ギャンブルを楽しんだり、大枚《たいまい》をはたいてポルシェに乗ってみたりするのもいいのではないでしょうか。

ワクワクと言えば、疑似恋愛的なことも、非常に大きな若返り効果があります。キャバクラに行ったり、推し活をしたりと、「年甲斐もないこと」をするとホルモンの分泌が活発になり、脳も体も若返ります。

Point

「ワクワク」にお金を使おう。体の不具合を補うグッズも積極的に購入して、アクティブに過ごそう。

07

子どもや孫に財産を残さなくていい

子どもや孫に財産を残そうとして、自分のために使わないのは、果たして幸福な老後だろうか？
財産を残すことは、子どもや孫にとって、本当にいいことだろうか？

⊙残すべきは財産ではなく「いい世の中」

「子どもや孫に、少しでもたくさん財産を残してやりたい」

そういう気持ちの方もいるかもしれません。

しかし、大きな視野で考えると、それは決して子どもや孫のためにはなりません。日本人の個人金融資産の多くを高齢者が占めていると述べましたが、そうして貯め込んでいることは、世の中にお金が回らないことを意味します。

景気の良し悪しは、世の中に回るお金の量で決まります。国民がお金を使えば経済が活性化し、使わなければ停滞します。

お金を使って買ってくれる人が少ないと、企業も潤いません。ですから、従業員に払う賃金が少なくなります。賃金が少ないと、税収も少なくなります。要は、国も企業も個人も、アンハッピーになるのです。そういう世の中を、次代に渡していいのでしょうか。

子どもや孫の世代が幸せに生きられる社会をつくるために、お金の巡りをよくするほうが、はるかにいい親、いい祖父母ということになるでしょう。

◉財産を残すと争いが起こりがち

遺産そのものが不幸を招くこともあります。いわゆる、相続争いです。

「うちの子どもたちに限って、そんなことは起きないだろう」と思うのは楽観的すぎます。親が死んだとたんに、エゴむき出しでお金の話を始める子どもたちは、いくらでもいます。子ども自身はそうでなくても、その配偶者が争いを始めることも多くあります。

特によく見られるのが、介護を担《にな》った子どもと、そうでない子どもの争いです。

法的には、介護をしようとしまいと、遺産は平等に分けられます。かいがいしく世話をした子どもにとっては、たしかに理不尽な話です。

「ならば遺言書をつくっておけば大丈夫」と思うのも、これまた楽観的すぎます。

たとえば、世話をしてくれた長男に全財産を相続するという遺言書を残しても、次男が「遺留分」を主張することもできます。

さらには、「本人はそのとき、もう判断能力がなかった」などと主張して、遺言書が無効であると主張することもあります。

もちろん、すべての子どもがそうなるわけではありません。しかし、**お金を目の前にすると、人の心はえてして醜くゆがむ**ということも、念頭に置いておきましょう。

◉社会も自分も幸せになる使い方を

私はかねてから、「親を介護した子ども、農林水産業を営む家の子ども、親の店や工場などを継ぐ子どもは例外として、相続税を100％にすべき」という提言をしています。

相続税が100％なら、いくら財産があっても子どもには一銭も入りません。「だったら、自分で使おう」と、親はきっと思うでしょう。結果、経済が活性化します。財産が全部税収になれば国庫も潤います。相続税収が上がれば、消費税の減税もでき、若い世代の負担が減ります。

企業も、高齢者向けの商品やサービスの開発に力を入れるでしょう。元気な高齢者が増えて健康寿命が延びれば、国の医療費負担も減ります。そして何より、高齢者自身が、幸福な老後を送れます。

相続税100％は残念ながら実現しそうにありませんが、みなさん一人ひとりが「残してやりたい」という意識から解放されることを願います。

世の中が、子どもたちが、そして自分自身が幸せになるお金の使い方を、今日からぜひ、始めてください。

Point

自分の楽しみや充実のためにお金を使えば、次の世代も幸せになる。

おわりに――老後の不安をなくすには？

⦿60代という「チャンス」を逃してはいけない

「老後」というと、反射的に不安を感じる方がいます。

そういう方のイメージする老後は、過剰なまでに悲観的です。

若さを失い、魅力を失い、健康を損ない、頭も鈍くなり、お金も減っていき、周りには「老害」などと言われて疎まれ、居場所をなくし、孤独になる……といった、惨めさの極みのような想像を膨《ふく》らませていないでしょうか？

そんなことよりも、**今を楽しみましょう。**60代は、まだまだ体も心も元気です。不安に頭を占められていないで、「したいことをする」「したくないことはしない」ことに徹しましょう。

それは、若々しさを保つ秘訣でもあります。**ストレスフリーであることは、老いに対**

抗するための最強の味方となるのです。

仕事や家事、育児など、「誰かのため」に頑張ってきた時期が終わり、これからは「自分のため」に生きられる時期です。この転換期をチャンスととらえ、「やりたいことしかしない」生き方へとシフトすれば、これからの人生が大きく変わるでしょう。

⦿「不安なのに無策」という日本人の矛盾

それでもなお不安な方は、とても日本人的なメンタリティを持っている、と言えます。日本人は、おそらく世界一、不安に駆られやすい人々です。これは、老若男女を問わず見られる傾向です。

子どもは幼いうちから、学校で仲間からはじかれないかを恐れます。学齢が進めば成績に一喜一憂します。親は親で子どものことをいつも心配しますし、働き盛りの人は上司や顧客の機嫌をうかがって神経をすり減らし、そして高齢期に入ると、体のことやお金のことを心配する、といった調子です。

この性分《しょうぶん》は、繊細で神経質な国民性として受け容れていくしかありませんが、もう一つ、問題があります。**日本人は、不安を感じているくせに、その不安を解消するための**

対策を打たないということです。

不安という感情は、本来、今後起こり得る悪い事態に対して策を講じるために起こるものです。それを考えるのが、脳のなかの前頭葉という部位です。何が起こり得るか、回避するにはどうすればいいか、その方法がダメならほかにどんな策があるか……というように、前頭葉が活発に働く人ほど、さまざまな対策を考え付くことができます。

しかし残念なことに、今の日本人の前頭葉はかなり弱っていて、不安を感じても対策を考えようという気が起こらず、ただ不安だけが増幅する、という悪循環に陥っています。

⦿最悪を想定して対策を考えよう

今抱いている不安があるのなら、それらに対し、一つひとつ対策を考えましょう。

たとえば、認知症になるのが不安なら、いざ認知症になったときを想定して、介護保険の申請方法や世の中にある制度やサービス、施設の種類などを調べ、自分がそのうちどんなケアを受けたいかを決めておきましょう。任意後見などの制度も、知っているのといないのとでは大違いです。**恐れるだけでなく、きちんと調べることで、さまざまな選択肢があることに気付けます。**

体の病気についても同じです。がんになるのが不安なら、いざがんになったとき、世の中にどんな治療法があり、自分はそのうちどれを選ぶか、選ばないか、といったことを考えればいいのです。すると、治療にかかるお金はどれくらい用意しておけばいいかも見えてきます。

このように、漠然《ばくぜん》と怖がるのではなく、最悪を想定して対策を打つ、つまり、「正しく怖がる」ことが、不安の解消につながる近道です。

不安にとらわれることなく、本書で述べてきたように、我慢せず、やりたいことだけやって、60歳からの人生を謳歌していただきたいと思います。

〈著者略歴〉

和田秀樹（わだ・ひでき）

精神科医

1960年、大阪府生まれ。1985年に東京大学医学部卒業後、東京大学医学部附属病院、国立水戸病院、浴風会病院精神科、米国カール・メニンガー精神医学校国際フェローなどを経て、現在、立命館大学生命科学部特任教授。映画監督としても活躍している。

1987年のベストセラー『受験は要領』以降、精神医学・心理学・受験関連の著書多数。近著に『老いの品格』『頭がいい人、悪い人の健康法』（ともにPHP新書）、『50歳からの「脳のトリセツ」』（PHPビジネス新書）、『60歳からはやりたい放題』『60歳からはやりたい放題[実践編]』（ともに扶桑社新書）などがある。

本書は月刊『THE 21』（PHP研究所）2023年11月号～2024年1月号に連載された記事に大幅に加筆・修正を行ったものです。

装幀――――――――――小口翔平＋後藤司（tobufune）

本文デザイン――――――桜井勝志

編集協力――――――――林　加愛

60歳からは、「これ」しかやらない
老後不安がたちまち消える「我慢しない生き方」

2023年12月21日　第1版第1刷発行

著　者　和田秀樹
発行者　永田貴之
発行所　株式会社PHP研究所
東京本部　〒135-8137　江東区豊洲5-6-52
ビジネス・教養出版部　☎03-3520-9619(編集)
普及部　☎03-3520-9630(販売)
京都本部　〒601-8411　京都市南区西九条北ノ内町11
PHP INTERFACE　https://www.php.co.jp/

組　版　有限会社エヴリ・シンク
印刷所
製本所　図書印刷株式会社

ISBN978-4-569-85609-4

PHP新書

老いの品格

品よく、賢く、おもしろく

和田秀樹 著

老いを素直に受け入れ、ジタバタすることなく、「品のある老人」「賢い老人」「面白い老人」になって晩年を充実させようという本。

PHPビジネス新書

50歳からの「脳のトリセツ」

定年後が楽しくなる！老いない習慣

和田秀樹 著

脳の老化は意欲を司る前頭葉から始まる。意欲が衰えることで他の能力も衰えるのだ。50代頃から始まる前頭葉の老化を防ぐ生き方。

PHP文庫

［新版］「がまん」するから老化する

和田秀樹　著

30年以上にわたり6000人以上の高齢者を診てきた著者が、従来とは異なる、老化予防、アンチエイジングの新常識を解説する。

PHPの本

65歳からのひとりを楽しむ「いい加減」おつき合い

和田秀樹 著

もっと自分に正直に生きよう！「いい加減」な人間関係が人生を豊かにする、65歳からの「人づき合いのヒント」を精神科医が伝授。

定価 本体一、三〇〇円（税別）